U0665043

汉字的世界

【上】中国文化的原点

[日]白川静 著
陈强 译

后浪
四川人民出版社

译者序

文字是文明的基础，文明是文化的实体（何九盈，2016）。在世界文明史上，诞生过无数文字，然而“只有中国的汉字从古至今追随中华文明，被传承、沿用至今”（中国文字博物馆馆长李学勤语）。汉字是中国人为人类文明创造的伟大财富，从汉字诞生伊始，这一东方文明古国的神秘文字就伴随着中国历史发展而绵延不断，并早早超越了民族、地域、国别的界限，成为人类的共同财富。作为亚洲最成熟的文字之一，汉字在古代“曾极大地影响了中国周边国家的文化发展”，形成了由朝鲜、日本及东南亚的越南等国家构成的“汉字文化圈”（洪仁善，2011）。新世纪以来，随着中国全面崛起，民族走向复兴，“一带一路”国际合作得到越来越多的国家响应，汉字更是伴随着中国的影响进一步走向世界，可以说在全球化的进程中开始成为全人类共同的文明符号。

世界上的文字是多种多样的，但总的说来可以分为表意和表音两大文字体系，而汉字则属于表意文字，是世界上现存唯一仍在使用的高度发达的表意文字体系。所谓表意文字，就是文字与语言的语音方面不发生直接联系，每一个字只是表示一个音节，不能明确表示读音，但一个字本身就能表示一个意思。汉字的表意特点使其在含义上具有较强的稳定性，并且可以超越音声的界限，成为汉字文化圈共同的精神图腾。比如，诞生于两千五百多年前的诸子百家经典著作今天读来依然朗朗上口，任何接受过基础语文教育的中国人都不需要借助专门的训练即可理解其大致含义，并对其精神感同身受。又如，中国各地操着不同口音的人们也许听不懂彼此的方言，在汉字书面语上却毫无隔阂，甚至说着日语的日本人,对很多汉字字词的理解都与我们基本一致。可以说，汉字起源于象形，成熟于表意，跨越了时空，在今天依然直击我们的灵魂，成为我们与过去对话的重要工具。“以中国之人读中国之字，而高下轻重徐疾，已各自成音，赖有象形、会意等义相维持,故数千年后犹得以考证古训也。外国文字仅知谐声,以口相传，久而易变。”（薛福成,《出使英法义比四国日记》第660页，岳麓书社1985年版）这是汉字同其他文字相比的传承优势，也是汉字研究的魅力与意义所在。

表意文字的特性使得掌握汉语所需要的字数远超其他文字，这在一定程度上影响了汉字成为世界性通用文字。但作为一种从上古创始以来一直绵延到今天的文字，汉字中大量保留了先祖们在创字伊始对原始社会的认识，是我们理解上古社会实相的文字密码，这是其他任何文字都无法比拟的。也就是说，借助对汉字的研究可以对上古时代的历史文化进行精准的了解，并同考古学、民俗学等互为佐证，相得益彰。

从仓颉造字的古老传说开始，一直到19世纪末甲骨文惊现于世，再到信息技术飞速发展的今天，历代学者在研究、揭示汉字原始意义以及含义变迁方面可谓不遗余力，且成果丰硕。我国学者自撰著《尔雅》开始，就注目于“文字字义”（汉字训诂）的研究，从汉代许慎撰著《说文解字》以来，开始了“汉字本体论”（形声义）的研究，以其业绩而言，世界无出其右者（严绍璗，2013）。众所周知，公元前221年秦始皇统一中国，“车同轨，书同文，行同伦”，在文字方面推行以原来的秦国字体统一全国文字的政策，并取得成功。“随后汉代的人们，对先秦时期秦国以外的字体已经不能尽识”（李学勤，1990），为此，东汉时期学者许慎作《说文解字》，对所收录的9353个汉字逐一加以说明解析，使人们重新认识汉字，成为中国第一部系统地分析汉字字形和考究字源的字书，由此奠定了汉字文字学的基础。由此可见《说文》一书在汉字研究中的重要地位。而北宋以降，以青铜器铭文和石刻资料为主要研究对象的金石学兴起，更是为汉字研究提供了大量有力的文物文字佐证，拓宽了汉字研究的领域。不过，由于受过去有限的研究条件以及思想的局限性的影响，前人的研究中也不乏一些不够准确、甚至是错误的注解，对此类问题进行研究分析，裨补阙漏，就更显得弥足珍贵。

随着近现代人类文明的不断融合、相互影响，汉字研究也早已超越国别的局限，成为全世界文字学者为之孜孜不倦的研究课题，汉字文化圈诸多国家的文字学者，乃至近代以来的欧洲文字学者，都不断提出观点和学说，丰富和完善着汉字的研究，使汉字不断随着人类文明的发展而独秀于世界文字之林，犹如封窖陈酒，历久弥香，亦如合贝珍珠，愈经磨砺，愈发熠熠生辉。其中，日本学者的研究无疑是颇值得关注且具有借鉴意义的。这不仅缘于日本语言文字（假名）完全脱胎于汉字，更在于日本人使用汉字记述语言甚至远早于假名，汉字不仅早于日语扎根日本列岛，更是在日语形成后成为其不可分割的一部分，并伴随着日本文明的发展一路使用至今天。虽然明治维新以来有过短暂的汉字存废之争，但随着信息技术日新月异的发展，汉字在日语中的地位不降反升，有愈发活跃之势，日本甚至制定汉字编码国际标准，为汉字规范化做出了重要贡献。据人民网日本频道（2017年12月25日）报道，日本信息处理推进机构（IPA）发布消息称，已经完成了约6万个汉字的国际标准化工作，将可以处理约6万个汉字，汉字在日本的地位由此可见一斑。

日本远离大陆的岛国特性，使得日语中的诸多汉字字词时至今日依然保留了汉字传入时的原始含义。比如，日语中的“走”字指跑，而“行”字则指走，日本料理店常见的“丼”字就是“井”的金文写法。此外，日语里的“舅姑”指公婆，“兄弟”一词包括姊妹在内，这些含义同古汉语大同小异，例如“洞房昨夜停红烛，待晓堂前拜舅姑”（朱庆馀《近试上张水部》，“弥子之妻与子路之妻，兄弟也”（《孟子·万章上》）。可以说，汉字（词）在传入日本时的大量含义原封不动地保留到今天，这为日本人研究汉字提供了感性认识，也是研究汉字天然的第一手材料。因而，日本人在日本语言文化视域下对汉字文明世界的探索，对于究明汉字本义来说尤为难得，也对中国人了解自己的文字有着重要的参考意义。

白川静先生是日本首屈一指的汉字学家，在汉字文化圈有着较大的影响力，是汉字文化研究界公认的大儒。他尤擅于将考古学与民俗学、神话、文学等学问同汉字学的研究结合起来，从不同维度旁征博引，在宏观视野下对汉字文化进行解读。在本书中，白川静先生通过对卜辞、金文的研究，对汉字的体系与文化源流系统性、独创性地提出了丰富又生动的见解，在日本汉字学界产生了巨大的影响，对中国本土的文字学研究者来说，也是不可多得的他山之石。

汉字的世界亦即中华民族的精神世界，汉字的原始含义之中蕴含着华夏先民对宇宙洪荒最朴素的认知。究明汉字的文化内涵，从学术研究层面上说，可以为历史、考古、文学等研究提供支持，从社会现实层面上说，可以增强人们对中国传统文化的认同感和自豪感，提升文化自信。习近平总书记在十九大报告中明确提出："深入挖掘中华优秀传统文化蕴含的思想观念、人文精神、道德规范，结合时代要求继承创新，让中华文化展现出永久魅力和时代风采。"这对于中国的文字研究者和日语翻译工作者来说是一个明确指针，对《汉字的世界》一书的翻译出版无疑也是一个巨大的政治鼓舞。

汉字是中国人对世界文明做出的巨大贡献，是全人类的财富，我们研究汉字文化，也应该海纳百川，广泛汲取海内外学者的观点和研究成果，全面客观地研究汉字，不断完善研究成果，为扩大汉字影响力，提升文化自信添砖加瓦。

陈　强

编辑说明

关于本书的内容，在日文原书中，对于明确的误记、误植之类错误，已经予以了订正、整理，如“所引用的原文中，日文版中增加了训读符号。假名的写法，也依据古典的训读符号或者引用资料而使用了旧假名”。

本中文版书中，在日文版的基础上做了编校工作，具体的编辑体例如下：

1. 书中所引甲骨文卜辞，文字一般按照作者的释字，有些字形较为生僻，且不完全照录甲骨文原文，而是依照作者的日文译文添加有个别字词等。所引甲骨文的出处都使用了缩写，书名全称详见下册书末。

2. 汉字右下的小字，如“马十上”等，为该文字在《说文解字》中的卷数、上下。本书正文中所引《说文解字》中的文字字头，如与汉字的繁体字或者异体字、简体字在构形上有出入，则将其他字形括注起来。正文中所引《说文》而作的字释，皆据中华书局2013年版《说文解字》进行了比对，有相异之处则注出异文。

3. 正文中括注的简体字和按语以及每页的脚注，皆为译者和编者所加。

4. 书中对于一些词语标注了日语原文，全为假名者一般不加引号，若是含有日本汉字的词句则加上日文的引号「」以示区别。

最后，感谢在本书的编辑过程中提供了帮助的友人，包括本书的译者陈强、张浩和刘幸。其中下册的译者张浩老师校对了上下两册的甲骨文。

由于编者学识有限，不免漏误，敬请读者朋友不吝指教，以期下次印刷时修正。

服务热线：133-6631-2326　188-1142-1266

读者服务：reader@hinabook.com

后浪出版公司

2018年6月

目　录

第一章

文字原始

日 月 人 大 卩 女

1–3

魚 漁

1–2

馬 虎 虔

1–1

令 長

不 非

1–6

夫 妻 母 武

1–5

又 止 川 水

永 𠂢

上 下 下上 木 本 末

1–4

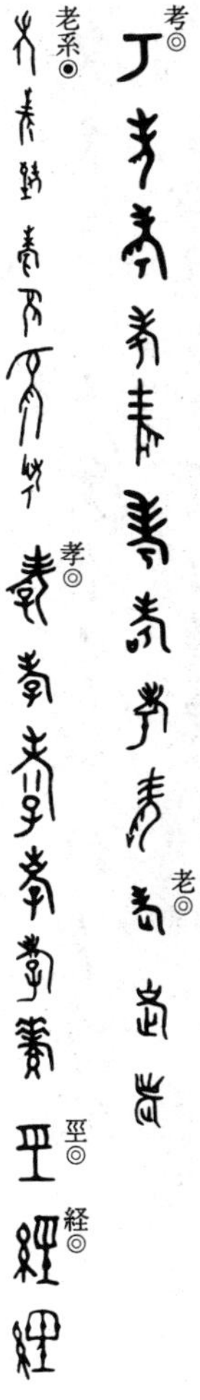

考 老

老系 孝 至 経

1–8

我 我系 義

刖 勿

弗 于 之

兹 今 飲

昔 来 来系

1–7

爽·奭◉

◎

奭◉

爾◎

爾系◎

盡◎

朱◎

窠◎

1–11

鬳◉

初◎

彥◎

姬◉

◎

授乳之形◉

寧◉

◎

心◎

1–10

文◉

◎

文系◉

◎

1–9

1–12

1–13

1–14

1–15

汉字的起源

古代的先进地区，曾形成过几种古代文字，并且全都是象形文字。但是经过岁月变迁，留传到今天的只有汉字。大多的古代文字都随着其民族及文化的灭亡而一同消失，或是转而使用其他民族的语言表记符号，而变成了表音文字。一般认为，表音文字是进化了的文字，而象形文字是“忘记了进化”的文字。阿兰①评价汉字说：它不是语言，而是对事物的刻画。(《艺术论集》，桑原武夫译）若文字不能够描绘语言，那它便是素描了。所谓象形，不过是符号与对象之间类似而已，仍欠缺作为文字的条件。“为了实现类似，就要像小孩子起初画的素描那样，一看就懂，一两笔就足够了。因此，应当考虑到人类书写出来的最初的符号已经具有了抽象性、秘传性等特点。而且，正如人们所知，原始社会里，在最古老的土著中，圆、十字、三角这类简单的符号，包含着极其广泛的意义，常常是具有魔法性的，只有知道内中秘密的人才能理解其含义。”(《艺术论集》)

---

① 阿兰（1868—1951）：原名埃米尔－奥古斯特·沙尔捷（Émile- Auguste Chartier），法国哲学家，以阿兰的笔名闻名于世。

从象形文字的规律来看，没有比汉字更能够具体、全面地表现语言的了。汉字是以一个字来记述一个词语，而在一个字中形、音、义兼具，是一种完善的文字。汉字是与语言同时存在的文字，是一种文字语言。语言并不仅是一连串相关的读音。音只是概念的媒介而已，文字则赋予其形体，将内容固定下来，使之概念化。只有一连串相关的读音的符号是行不通的。即便是表音文字，也要有一连串的字母来稳定地表示出视觉性的内容，以此为基础才能够展开其作为一个词语的机能。也就是说，倘若认为语言是从声音语言这种自然的事物，而变成以文字为媒介的文字语言，并且赋予了智识性、文化性的活动场所于其中的话，那么作为文字语言而具备了“音”“形”“义”三要素的汉字，应当说是条件最为完备的文化性质的文字了。阿兰的汉字素描说，抓住了语言的本质是文字语言这点，但是并没有体现出对语言的原本目的——正是为了创造这样的文字语言才造出了文字——的充分理解。不过这本来也是大多数进化论者通常会犯的谬误。

汉字并没有体现出对音的分析。所谓“汉字并非语言”之说，可能本来就是基于这个缘由。但是如果将文字看作对语言的记录的话,那就不限于“音表记”。我们都知道汉语是一种单音节语言。对声母与韵母一次性结合的语言进行音的分解是没有意义的，也几乎是不可能的；因为同音字无限多，就会失去文字作为一种表记手段的意义。在所有情况下，都是语言在先，而由语言来选择文字。我们日本人认为表记子音（按,即辅音,对应于汉语的声母）不是那么必要，而从汉字中提取出两种“假名”，还将之与汉字并用。如果汉语可以用“假名”来表记，可能其很早就也在中国产生了。文字的选择乃是基于其语言的本性而进行的，依据的是适应性原则。作为文字语言的汉字所达到的成就，与其他任何一种文字体系相比都毫不逊色。

在汉字的构造中可以看出其确实具有高度的抽象性，而这是基于严密的规则，且是文字构成上的要求。作为古代文字的汉字，原本始于象形的方法。但是这种方法，与其说是绘画性、描写性的，倒不如说是旨在以抽象的线条结构来进行描摹。这一点在与象形文字（hieroglyph）或者阿兹特克（Azteca）文字等进行比较时是非常清楚的。汉字避免了轮廓性的平面描写方法，即使在描摹鸟兽之形上，也选择了以线条来表现的方法。比如，通过马十上、虎五上二字的卜文、金文字形，就可以看出字形线条化的过程。虔五上，已经完全具备了文字的样式。虽然该字在轮廓上是种以平面为预想的绘画，但在线条上却是包含了立体和运动的素描；其字形中长短或强弱的线条交错，从而使律动成为可能。在素描中，线条被视为“人间的表征，可能是判断的最强有力的表现”（《艺术论集》），正因为如此，汉字又被称为“书写的艺术”。之所以说汉字是素描，是因为在素描的意涵中存有着深刻的与汉字的本质相同之处。像汉字这样作为“人间的表征”，而不懈追求着自我表现的文字体系，也别无他例了。汉字中含有神圣文字的传统。

古代文字无一例外都是神圣文字。神圣文字与原始绘画一样，都立足于相同的基调，但是文字并不是由绘画照其原样展开的。文字实现了从声音语言到文字语言的升华，而支撑这种升华的乃是其强烈的文化意志。若只是单纯作为传达的方法，那么尝试绘画的方法就行了，例如像美洲印第安人那样，至今保留了他们所创作的极其丰富的图画，但是并没有由此而产生出文字。又比如在中国，彩陶文化圈出土了大约四千年前的彩陶土器，这些彩陶土器上有着几乎可以让人联想到象形文字的文样，不过在出土的地域并没有产生文字。该地域在夏朝和周朝时期兴盛，而周朝袭用的是东方的殷王朝的文字。即使认为文字是从绘画发展而来的，也要承认在文字的形成中有着与绘画不同的原理在起作用。比如说，要想把鱼+—下用作动词的渔+—下，就要加上水、网、手，通过这样的手段，而使之成为表示渔获之意的“渔”字。这便是升华至文字语言的意志。这种意志是由某些创造者所启示的，因此在文字的形成当中，有时会伴随着神话传说。

在很久以前的北欧，有一种叫作卢恩的古代文字，卢恩是秘密的意思。其创造者是北欧神话中被视作诸神之王的奥丁。奥丁为了获得智慧已经牺牲了一只眼睛，但为了再获得神秘的文字，他将自己绑起倒吊在世界树“尤克特拉希尔”（译按，古诺斯语Askr Yggdrasils，英语Yggdrasil）的树枝上，经过九天九夜的苦吟冥想，得到电光般的启示，而创造了文字。这位王者将文字刻在皮革、指甲等所有能刻的地方，并将之剥下来浸泡在神酒里，在他的世界推广。据说不管是诸神也好，妖精也好，还有地上众人，从此大家便可以共享文字了。之所以还要让妖精们知晓文字，可能是想要昭示文字是为了与神灵进行交涉而诞生的。

在中国，普遍认为汉字是由黄帝的史官仓颉所创造的。西汉的百科辞书式的编纂之作《淮南子》的《本经训》有云：“昔者苍颉作书而天雨粟，鬼夜哭。”《本经训》中提出以人智所制作出来的一切实乃尽失太古的淳朴之道，其中一节列举了诸多关于事物起源的传说，以“能愈多而德愈薄矣”之语作结。这是站在老庄思想立场上的文化史观。天降粟雨，以昭异变已生；鬼神夜哭，亦为哀叹人智之夺神工。自然产生的声音语言，至此发展成文字语言，为人类打开自由的精神世界之大门，鬼神专制的时代业已终结。

古代文字形成的具体情由已经无从得知，不过，从此类传说中可以看出，文字是与神事相关，并承载了人的意志、作为与神进行交流的手段而产生、发展的。印第安人的图画文字最终并没有演变成真正的文字，又或者是阿兹特克文字，它虽然因为阿兹特克国的灭亡而没有继续发展下去，但是正在向建立文字的体系靠近，都从侧面反映出了文字含有作为理念（logos）的语言之机能，最初是作为一种积极地向神施加影响、谋求交流的方法而诞生的。文字是以理念的形象化之面貌诞生的。文字不只是符号，也不是魔法。如若文字拥有魔法般的力量的话，那便作为言灵（按，语言内在的神灵）的形象化之物而继承了言灵的咒能。作为古代文字的汉字，将语言和文字之间这种根本性的关系包含在了其形象之中。汉字的原始性不存在于其多笔画的构造法当中，而是存在于其文字形象中所固定下来的观念的古代性当中。而汉字的这种原始性，又在考察汉字的造型当中所含有的古代的心性上，为我们提供了独一无二的珍贵资料。

在研究古代的问题时，必须依据古代的资料。由未开化社会开始进行类推的方法，终究只是一种辅助手段。说到“古代”，只有拥有了文化民族的古代，才能开启所谓的“古代”这一历史概念。汉字就是从这种意义上的“古代”一直绵延至今的文字。可以说这就是历史的道路。具有这种意味的文字，只有汉字。汉字的历史，构成了这个民族所拥有的精神史的支柱。文学、思想、艺术，在这条历史的道路上历历在目。本书的目的，便是努力追溯此条道路以臻古代。如果说汉字所拥有的历史，作为历史是一个典型，那么作为古代文字的汉字，它的世界也堪称古代的一个典型。

六书与文字学

文字的创造者们从神灵那里获得的关于文字制作原理的启示是什么呢？那便是使文字具有记录语言的机能，还具有作为音的记号的机能。象形所表示的是形和义，不过也可以作为发音的记号来使用。单将文字作为发音记号的机能提取出来看，对于那些使用象形的方法无法表示的言词，比如代词和副词、助动词等，就要依据其发音来进行标记。发现了这个原理，文字才真正形成；无论哪一种古代文字皆是如此。素描的方法只能停留在图画文字的阶段，而并非文字。文字虽然发端于象形，但却在超越了象形之处真正成立。

作为文字的象形，可以表示事物和动作，也可以表现某种状态和关系。不过以此视觉性的方法，是无法表示观念语和形式语的。像代词这类抽象的言词，只能够以表示其发音的方法来表记。这种情况下，就要借用其他象形文字的音了，这种方法在古埃及象形文字和阿兹特克文字中都能看到。如古埃及王纳尔迈（Narmer）的名字，由ナル（naru，鱼之意）、メル（meru，只有之意）组合成パレット（paretto，调色板之意），阿兹特克人的城市特诺奇蒂特兰（Tenochtitlan），是在テナ（tena，石）上开放着的チトゥリ（chitouli，仙人掌），都是以音借的方法进行记录。在汉字里，这种方法被称作“假借”。在汉字形成时，大规模地使用了假借法。

东汉许慎的十四卷《说文解字》（以下简称《说文》）奠定了汉字字形学研究的基础。《说文》通过被称作“六书”的汉字构造法，对全书9353个汉字从字形学角度进行了解说。关于六书，此前的《汉书·艺文志》和《周礼》郑司农注等当中都出现过其名，但对其所指的构造法进行说明则始于《说文》。所谓六书，即象形、指事、会意、形声、转注、假借六者。一般认为，前四者为造字法，后二者为用字法。不过六书均与汉字在构造法上的原则相关。

在《说文·自叙》（卷第十五）中，许慎对六书做了解说。按照解说，象形是据对象的形体而作如实的描绘，其例为日、月，日为圆形，月为半月形。两字的中间都有小点，以区别于空圈。以人体为首，鸟兽等事物的形体均为象形，体现出了高度的线构成。比如与人体相关的人八上（侧身之形）、大十下（正面之形）、卩九上（跪坐之形）、女十二下（跪坐的女子）、又三下（手）、止二上（趾）等，都不是一个轮廓，而是由简单的线条构成的。川十一下、水十一上、永十一下（水流的分岔点）、𠂢十一下（“永”字的相反之形）等也是如此，线条的变化细微，而且区别非常明了。

指事是给象形添加上符号以表示其关系，《说文》中以上、下为其例字。在《说文》中，以“丄”为上一上的古文之形，下一上则是“丅”，两字都是以“一”为定点来表示其上或其下的。上、下的甲骨文字形如本书页3图1–4所示，与《说文》所言有所不同，恐怕表示的是手掌的上下，应该是掌上、掌下之意。也就是说，表示的是场所性关系，以其关系能够普遍化为原则。木六上的上、下分别加上小点就成了本六上、末六上，也属于相同的构造法。那么在这种情况下，朱是株呢，还是其本义朱色呢，就成了一个问题。“朱”的全部用例只有朱色一义,可能也有文字像金文的“寀”一样，指经过熏蒸而变为朱色，因为不像“本”“末”必定是表现位置关系的文字，所以“朱”的含义很难确定下来。

象形和指事的关系相当微妙。比如在日月之中加上小点未必就是象形，小点是为了与空圈相区别，用来表现实体的记号。这只不过是为了表示其为实体，而在必要的范围内，在本来的象形字中添加了记号而已。为了表现实体而添加上必要范围内的附加物时，这仍属于象形。夫十下、妻十二下表示结婚之际的男女，均为将簪笄插入发中之形，但是很难将附加之形看作一个单独的字。妻的字形是将一个皿部五上字中所含之物升高。女字加上两乳而成的母十二下字也是象形，有时还会加上簪笄。表示从事神事之人的字，如令九上，是头戴礼冠而跪拜之形；长九下则表现长发之人：在表示上述意思时，这些字依然属于象形。

所谓会意，是象形的复合字。复合的各个要素，原则上全都是独立使用的象形字。《说文》以武、信为其例字。武十二下字条中，引用了《左传》宣公十二年“止戈为武”一文，说制止武力者称为武，这一解释与核武装理论颇为相似；不过该字本来的意思是肩上扛着戈向前进，即步武堂堂的武，而并不含有止戈那样高尚的理念。信三上，《说文》训为“诚也”，意为重视与人的约定，而视为从人与言的会意字，不过人言不可轻信，正如《诗》(《郑风·扬之水》)中所说的“无信人之言”，古来如此。所谓言，是人们对神起誓的

“誓约”之语，是一种不允许背叛的自我诅盟；而所谓信，是对神守信。《说文》中关于“武”和“信”的会意说，都没有抓住字的本义，不过从字的构成法来看，这些会意字通过两个字的结合而表示新的第三个意思是毫无疑问的。

《说文》中解释为象形或指事的字约有735字，加上视作会意的字共约1390字，可以认为这是基于象形方法的文字的基本字数。《说文》总字数为9353字，而收录了其后新增之字的南宋郑樵《通志略》的《六书略》中收录了24235字，不过书中象形、指事、会意字合计只有1455字，仅比《说文》增加了65字。这些恐怕都是今天的《说文》中所遗漏的字，可以认为文字的基本字数在《说文》之后便没有再增加了。另外，甲骨文、金文的基本字数也大体是相同的，所以由象形、指事、会意而构成的基本字其数量从文字形成的时代起就大体上没怎么变动过。

一套基本字一旦形成，其后增加的字都会采用将这些基本字用作音符的形声方法。但是这种用作音符的方法，需要以假借法的发现为前提，而假借法所假借的只能是既有文字的发音。由此，使用字的音符成为可能，也可以获得与字数的增加相对应的文字体系。

《说文》的叙中，认为假借是“本无其字，依声托事”，并举了令、长二字为例；这二字应该是分别假借了县令、郡长等用义的字。令九上如前文所述是人恭承神谕之形，所谓令，指神之命。长九下的字形为长发之人，而指长老。关于这两个字，《说文》认为是假借的用法，但是两字的意思都由其本义而扩大了，具有了引申义或者转义，这并非假借。所谓“本无其字”，比如用于表示否定（日语的“ず”和“あらず”）的“不”“非”，和用作代词（日语的“われ”）的“我”，像这样，本来就很难将其文字形象化。“不”“非”“我”等并不被用作字的本义，而是专门用于表示假借义。

关于不十二上，《说文》解释为“鸟飞上翔，不下来也”，即鸟向着表示天的“一”飞去，飞上天之后便不再落下之象，不过那是不可能的，该字是萼莩（按，即萼拊），即花萼的象形字。等到不字专用作否定词，表示萼的字则开始使用莩或芣、柎等字，这些字不外乎是形声字。非常罕见地也会出现将不字用作本义的情况，比如《诗·小雅·常棣》中就有“常棣之华，鄂不韡韡”（常棣之花，萼茎韡韡［绽放光华］）之语句，但是“不”是“萼”的初文之事被忘却了，故该句使用了“常棣之华，鄂不是呈现出（好像要流溢出其外一样的）韡韡之貌吗？”这样的反问形式。从卜文和金文的字形来看，不字的用义虽然是否定词，不过明显是花萼之形，将其书写下来的人们应该是知悉字的原义而使用了不字的。但是在许慎的时代尚不知道卜文和金文的资料，当时最古老的文字资料也不过是发现于孔子旧居墙壁中的战国时期古文。恐怕他是根据春秋末期的蔡侯诸器上所见的已经发生了变化的字形而提出鸟形说的吧。[①]

非字在《说文》第十一下解释说“违也”，虽是飞翔之貌，羽翼却向下，正是相背之意（按，“从飞，下羄，取其相背”），因此将其视作非字。关于其意象有很多说法，但没有一种是确凿无疑的。金文中有赐予“非余”的例子，郭沫若认为那是赤色的琜（玉

---

①《说文》叙曰，“六曰鸟虫书，所以书幡信也”。

名），即指赤笏。这即是将非解作“绯”之义，绯是形声字。《史记·匈奴列传》中，西汉文帝同匈奴和亲，赐给匈奴的物品中，绣衣锦袍之后即是“比余一，黄金饰贝带一”。比余也叫疏比，是细齿的栉；它是辫发上的金制饰物，不过金文中“非余”也叫“玉琭”，可见也有玉制的。我国的《大隅风土记》（逸文）中称作发梳，从非的字形来说，是左右有细齿之物。非的这种栉的本义被遗忘殆尽，只被用于表示否定的同动词“非”（「非ず」。按，即“不是”）之义。

“我”字在《说文》第十二下中除了解作自称代词（按，“施身自谓也”）之外，又说“倾顿也”[①]，解作倾斜之意，并举出了执戈而倾斜的姿势之说，不过那是俄倾之意，与字形并无关系。其字是锯之形。在宰杀作为牺牲的羊时使用该物，将完美无缺的牺牲献给神享用，所以叫義十二下。牺牲的肉叫作羲，字也写作犧。在“羲”字中，“我”的下面悬垂着的“丂”，是字形上部的羊的下体，即脚。古时有叫作刖四下的将脚切断的肉体刑罚，在卜文里有在足上加我（锯）的字形。我无疑是一种带有锯齿的切割之器。但是我字虽然在这些字形中保留了锯的形状，却没有用作锯之意的例子。我字已经完全失去了其初义，成为第一人称代词“我”的专用字；也就是说只借用了我字的音。

基本上抽象的东西只能用音来表示。东西南北四方、十干和十二支，还有勿、弗、于、之、兹、今、昔等，都脱离了字的本来的含义，而只用于表示假借义。東（东）六上是橐的初文，是橐

---

① 中华书局2013年版《说文解字》对“我”字的解释为：“施身自谓也。或说，我，顷顿也。从戈，从𢆉。𢆉，或说古垂字，一曰古杀字。凡我之属皆从我。”“徐锴曰：‘从戈者，取戈自持也。’”（详见《说文解字》，〔汉〕许慎撰，〔宋〕徐铉校定，中华书局，2013年，页267。下同）

之形，西十二上是笼之形，南六下是原先被称作“南任”的铜鼓之形，北八上则是二人相背之形。而十干、十二支，其字义均与字形无关，用作纪日的干支。勿九下是旗子的飘带，即旒之形；弗十二下是将物品无序地捆扎起来之形，而有序的则叫弟五下，是第的初文。于五上是指有把手的大针之类物品；之六下是脚所止之处，用作“此、这”之类的指示代词。兹一下的初文是丝，即絲，都用作“此”之义。今昔的今五下是壶之类物品的盖子的形状，饮用壶中之物则叫歓八下。歓是飮（饮）的初文，在酉（酒壶）上面加上了表示盖子的“今”的字形。今昔的昔七上是干肉，即腊的初文，是象形字，不过今昔一词并没有使用昔字的初义。另外往来的来五下也是如此，最初，來（来）是麥（麦）的象形字；久长的久五下字指的是棺柩中的死者。匛有时也写作匶，久和舊（旧）同音。这些字都没有用其本义，而是通过声的假借被专用于他义，是谓假借。所谓“本无其字”，便是假借字的原则。

借用其他字的读音属于表音的方法，使用表音方法的有形声。山河草木、鸟兽虫鱼一类的大部分文字，大多为了表示其名称而加上了音符。这种情况下，山、水、艸（草）、木，鸟、隹、虫、鱼便表示其种类，即为限定符。卜文、金文中形声字很少，形声字大概是以后造出来的字。

形声字的声符，原则上是不表义的音符。宋朝王安石在《字说》中主张，所有的字的要素都起到表义的作用。据说他曾说“波乃水之皮”，苏东坡回应道，“然则滑乃水之骨乎？”像鸟之名等，如鸠、鸦、鹅、雉、鸡，也选取了与鸣叫声相近的音，这类字当然就是形声。

也有因字的分化而产生的形声字。溢十一上字被认为是益声，而益是水溢到器皿上之形，益中有溢之义。然四下是烤狗肉之形，再加上火字旁就成了燃，然为声。匈九上是胸的象形，加上肉月旁就成了胸；前二上是奠指甲之形，在下面加上刀就成了剪。这些都是被视作形声的字，而它们原本并非必须加上限定符；只是后来益、然、匈、前被用于表示与初义溢、燃、胸、剪不同的含义，遂加上限定符来和本义的用法区别开来，这叫作“繁文”。如示部一上字当中，这种关系的字有很多。在卜文、金文的文字中，祐、神、祭、禷、祖、祰、禘、祝、祓、禳、禦（御）、禖、社等，其初文都是没有加限定符“示”的字。《说文》把这些都解释为形声字，不过这些也是繁文。一般来说，作为声符的字，当其仍含有原字的意思时，为了与形声相区别，而称之为“亦声”。因为其不仅是音，还兼有意义。繁文中，应当视为亦声的文字有很多。

关于转注，自古以来就有非常多异说，与谢野铁干的《转注说大概》(《日本古典全集》所收的狩谷棭斋《转注说》提要）以及集成《说文》诸注的丁福保《说文解字诂林》正、续编的《六书总论》《叙跋类》中收录了数十家的观点，但是没有一种能称得上定说。《说文》的叙中说“建类一首，同意相受，考、老是也”，以老、考为其例字。《说文》第八上有“考，老也”“老，考也”之说，考、老二字互训，认为转注就是像这样互训的字，不过这跟字的构造法无关。另外老部八上中还有像孝字这样并非长寿之意的字。所谓“建类一首”，指的是拥有相同形状的一系列字，而“同意相受”是指由那建类的字而规定了意义。比如，巠（𢀖）十一下是纺织物中的经线之形，由此而指垂直的劲健之物。莖、頸、勁、輕、經、徑、陘等，都是通过“巠”获得其声和义的。这就是“建类一首，同意相受”吧。侖（仑）五下表现的是相对的或是有次序的全体的关系。倫、論、淪、綸、輪等，都是通过“侖”获得其声义的。也就是说这些都是亦声字。从巠、侖等同一字形的亦声字，构成了有别于《说文》所采用的部首法的另一种体系。部首法大体上是以限定符为主的分类法，而转注所谓的“建类一首”，是依据字形而构成了一组组声义的系列，这又称为谐声。这些都是形声字，也是亦声之字，而其中也有谐声这样的体系，可见声符的选择有一定的原则。再进一步讲，通观六书全体，在汉字的构成法方面，形、声和义三者有各自的原则和体系。

汉字通过六书之法，成功地将所有的语言都表记为文字。一个词语用一个字形来表记。万象便蕴含在各个字当中。万象在词语中被概念化，通过字被定型化。如此一来，文字便与语言的整个体系相对应，具备了存在的秩序和表里关系。而且，文字是一种拥有等质性的线构成的形象。即使存在和文字的关系达到了上述思考所示的层面，其实也是非常自然的吧。

《说文》叙中讲述了这样的传说：仓颉造字以前，传说中的古帝王伏羲画八卦，神农作结绳。结绳是文字诞生之前的方法，被广泛使用，在冲绳依然传承着这一遗俗。但是认为八卦之类事物是文字的起源，是中国人独特的观点。中国人认为《易》的象征性的世界观的方法与文字体系相关联。《易》依据乾 ☰ 、兑 ☱、离 ☲ 、震 ☳ 、巽 ☴ 、坎 ☵、艮 ☶、坤 ☷八卦，和由八卦组合成的六十四卦、三百八十四爻的相互关联，穷极万象之变化，这是一种象征主义的世界观。在许慎的时代，人们认为汉字的体系也是在文字的形象中蕴含了《易》的卦爻那样的存在的意义，在每个文字的构造中都体现了各自的理法。《说文》的解说中，以当时的阴阳五行的自然观为背景的内容有很多。其之所以说東（东）六上字是“动也。从木”①，是因为在五行说中东属木，万物发动为东，即是以春为万物之始的五行说。这种思维方法并不限于许慎，像宋学的理一分殊，即作为存在的理通过作为万物的个体而得以具体化的思想，照搬到文字学上也是适用的。宋代郑樵的《六书略》、元代戴侗的《六书故》等，都是依照这一思想来阐述文字是道的具体表现的。

即便文字的成立未必是基于这样的原理，但是在将万象修治成一语一字的秩序井然的形态而表现出来的汉字当中，能产生这样的思想毋宁说是非常相称的。许慎的《说文解字》开创了汉字的字形学研究，时至今日仍被奉为文字学的圣典，其体例之一，即是认为文字与存在的秩序相对应，而努力赋予其一定的体系。《说文》将当时有用的9353个文字依据其构造法分成540部并进行排序。顺序的先后，从天地生成一直到其变化之理。

《说文》的部首，从卷一的一、上、示、三、王、玉开始，以形相联系，以卷十四的十干、十二支而终。全书的构成，“立一为端，方以类聚，物以群分”，寻其条理之迹，而以“知化穷冥”为目的。可以说许慎著《说文》，由文字入手，而意图在于形而上学。

一是太始，是根源性的东西（按，“惟初太始，道立于一”，见《说文》，下同）。以其“造分天地，化成万物”，而以一为部首，元、

① 东，动也。从木。官溥说：从日在木中。凡东之属皆从东。（《说文解字》页121）

天、丕、吏诸字均属该部。这些字的字形中，全都含有作为“太始”的“一”的意义。在《说文》中，字形中含有“一”者达60多字，不过在这些字中，《说文》认为只有这4个字具有作为太始的道的意义。这探讨的不是字形的问题，而是字的构造的意义。因而在《说文》中，三一上并非单纯记录数字的符号，而被解释作“天地人之道也”。又如王一上，解作“三者，天地人也，而参通之者，王也。孔子曰‘一贯三为王’”。示部一上也是如此，示原本和“帝”一样，是神桌之象，但是因为其字为日月星三辰垂下光芒而示现吉凶（按，“天垂象，见吉凶，所以示人也”），所以表示神事之字皆从“示”。

字形学上，并不认为这种方法和解释是正确的。在《说文》的字形学当中，有很多地方都应该根据甲骨文和金文进行订正，这也是本书的目的之一。因此本书在所讨论的字之下，附记《说文》的卷数、上下，以供读者探讨。在汉字中，每个字的字形都必然有表示其本来的意义的部分，这点毋庸置疑，所以必须辨正其初形，思考其原初之义，只有明确了每个字的初形和初义，才可能实现对文字的正确理解。如果说文字是存在的秩序的表现，那么我们既然领会了古代文字的这种表现，就可以直入古代社会、古代文化的实相了。可以说，在古代研究当中，再没有如此直接而且具体的领域了。

文字起源

文字，古时称文（ぶん）。文字一词，至《史记·始皇本纪》始见。记述春秋时期历史的《春秋左氏传》中，有几处讲到为出生的孩子取名时，要看其掌纹来定名，比如这样的记述："及生，有文在其手曰'友'，遂以命之。"（闵公二年传）友字为两个又（手）并列之形（按，《说文》曰"同志为友，从二又，相交友也"），是互相帮助之意。

文，《说文》第九上解作"错画也，象交文"，认为是线交错而成的纹样。×形被认为是纹样的基本形式。所谓交文，是指文的下部的×形。但如果是这样的话，那么其上部是什么形状呢，对此《说文》并没有说明。在卜文、金文中，文的字形极其多。其基本字形，通过与"大"字相比较可知，是一个站立之人的正面之形。只不过胸的部分写得特别大，在该处加上了v形、×形、心字形，或者是这些的变化之形。这些很明显是加到胸上的纹样，也就是文身。即文的字形表示的是在胸部施加的文身，字的初义也是文身之意。

中国的中原地区很早便遗失了文身的风俗，并将周边诸族仍保留的文身之俗视作野蛮未开化的表现。在吴、越等沿海地区，有断发文身的习俗，这在《左传》哀公七年、十三年，《春秋穀梁传》哀公十三年、《庄子·逍遥游》《墨子·公孟》等当中都有记述，《礼记·王制》中说"东方曰夷，被发文身，有不火食者矣"。《后汉书·东夷列传》"倭"之条下说"男子皆黥面文身，以其文左右大小别尊卑之差"，可见古时我国（按，指日本，下同）便有文身的习俗。但是在编纂《日本书纪》之时，这一习俗已经被遗忘了，在《景行天皇纪》二十七年中，可见到将虾夷（えぞ）的文身视作异俗的记事。

文身的习俗，后来在环太平洋海洋文化圈的诸族中间广泛地流行开来。卡尔·舒斯特报告了54例分布于该地域的在胸部施加v字形文身的习俗，在其他文献中也有相当多的例子能够证实这一情况。即便今天在一些地区这种习俗已经消失了，但却有其曾经存在文身之俗的例子，中国便是其一。若没有文身的习俗，便不可能产生表示文身的“文”的字形，还造出以“文”作为字形要素的彣、產（产）、彥（彦）、顏（颜），和表示胸部文身的凶、匈、胸、爽、奭、爾（尔）等字，这是不合情理的。而且，文不仅是文身和文字的意思，后来也成了表达中国文化理念、表现其传统的字。孔子说“文王既没，文不在兹乎？”（《论语·子罕》），便是对其传统的认识。文这个字中之所以被赋予如此崇高的理念意义，是因为文字本来就发端于古代的神圣观念。

人的德性，由文和武来代表。武是举戈前进之形，该字可能源出展现勇武的舞容。作为王号也很适宜，殷有武丁、文武丁之名，周的创立之王也叫文、武。殷周的金文中，称呼先人有文祖、文考，文母、文人之语，即为冠以“文”的例子。文是称呼神圣的用语，这种神圣观念和文身习俗有关。

文身有时也用于“别尊卑之差”，表示身份，但这并非其起源时的功用。《三国志·魏书·倭人传》中叙述女王国的习俗，说“男子无大小皆黥面文身”，而且该习俗源于越国，“夏后（夏王朝的君主）少康之子封于会稽，断发文身以避蛟龙之害。今倭水人好沉没捕鱼蛤，文身亦以厌大鱼水禽”，文身的习俗是为了厌胜（施符咒之术）以护身。的确，文身本来起源于咒禁之用，但却成了日常生活中的一种行为，在人一生中最具有重要意义的出生、成年、死葬等之际，即在举行人迈进新的精神世界（「靈的世界」）的加入式——一般称作“通过仪礼”的特定仪礼之际，它作为一种圣化的方法而被施行。这可以通过如產、彥、顏等以“文”为要素的文字的构造而得知。

產（产）六下被训为“生也”，“彥省声”。所谓省声，是将字的一部分省略而取其声，产字虽被认为是彦声，但是与彦字声并不相合，而且在《说文》的代表性研究著作——清代段玉裁的注中，认为产字在用义上是指兽产[①]，不过兽产并不会加有“文”。“產”字未见于卜文、金文中，从字形上看，是文、厂、生结合成的会意字。厂是表示额头的象形，产、彦的旧字体写作產、彥。人出生时，在其额头标上记号作为咒禁，这一习俗在文身圈的诸族中间相当普遍，在我国则盛行至平安朝的末期，叫作“アヤツコ”，即在婴儿的额头用墨画上“×”或是“大”等字形。贵族中间，则会请身居高位之人来主持这一严肃的仪礼。由于“×、大”的字形常误画作“犬”字，所以也叫“犬クソ”（按，犬子）。这一名称的由来好像是因为犬可以给安产、生育带来福分这一民间信仰。在民间也会给孩子穿上产衣，在第六日的取名仪礼（「名付祝い」）和七夜仪礼（「七夜祝い」）上，参拜神社、参拜鸟居等时，男孩用墨画上十字、女孩则画上朱色的十字。另外，还有祇园神社前的狗子朱印的习俗、夜行时用红指在小儿的额头画犬等习俗，这些在三谷荣一的《日本文学的民俗研究》（第一编第一章）中多有记述。这一习俗在明治以后仍有遗存，在三重县的南牟娄郡，第11日进入产房（按，产妇和婴儿在产房的最后一天）时，不论

---

① 据段玉裁注《说文解字》，“產，生也。从生。彥省声”，“通用为兽犍字”。详见《说文解字注》，〔汉〕许慎撰，〔清〕段玉裁注，上海古籍出版社，1981年，页274。

男女都要在脸上画上红色的“大”字。这些“×、+、大”都是当时用朱墨暂时画上去的，虽然也叫作文身，不过并不是所谓的刺青（「入墨」），而是以颜色来做标记的绘身（かいしん）。用针来刺青叫作黥涅，另外在皮肤上施加伤痕的叫瘢痕（はんこん）。用于仪礼的都是绘身。

在中国的中原地区，好像并未流传着为出生儿施加绘身的习俗。不过在“南蛮”诸族中，有绣面、绣脚的习俗。唐代樊绰的《蛮书·名类第四》中说“绣面蛮初生后出月，以针刺面上，以青黛傅之，如绣状”，《新唐书·南蛮传》据此记载道“生逾月，涅黛于面”。该时期与我国的鸟居参拜文化时期相当。这种习俗古时就已存在于中国，只需看古代汉字的形象便可知悉。

和“产”字形相近的是裔，东周列国时期齐国的陈肪簋（毁）上说“余陈仲裔孙”。裔与下文的“和子”相对，像是修饰语，应该是彦孙之意。初字是衣加上刀，始为裁衣之意，指制作产衣或者神衣等。彦九上的本字是彥，表示在额头上加文身，彡是展现其美的字。文身之美叫作文章，也作彣彰。彦字中加有彡，和彣彰之中加有彡是相同的道理。一般认为，彦可能是元服（按，古代男子成人之礼）之时的仪礼。《说文》中说“彦，美士有彣（文），人所言也。（从彣厂声）”，意思是指从他人处获得声誉的杰出人物，不过其是用言、彦叠韵来解释语源的，就是所谓的音义说而已。在我国，彦训为“ひこ”。“ひこ”是男子的美称，是与“ひめ”相对之语。训为“ひめ”的是姬（姫，姬）十二下，是一个拥有很大的乳房的女性的形象，所以彦、姬恐怕原本是与成人仪礼有关的字。授乳的字中，还有别的象形字。我国的古训[①]将彦、姬分别读作“ひこ”“ひめ”，将二者对称地使用，可以说极其符合字的原义。另外“ひこ”也用作像“水户神之孙（ひこ）”（《古事记·神代》）、“孙枝（ひこえ）”（《万叶集》十八·四一一一）一类的“孙”之意。这也同陈肪簋的“裔孙”语义相近。无论是产也好还是彦也好，如果不知道厂的上方所加的是文身之象，那么就不能得到正确的字形解释。

如果说彦是成人之际的文身，那么再加上表示举行仪礼时的礼仪的页而构成的颜九上，则是指面部施有文身的字。《说文》中说“颜，眉目之间也”，指额。西汉末年的扬雄所编撰的《方言》中（卷十），列举了指称额的各地方言，认为额是汝颍淮泗（皆为河川之名），即河南东部之语。《战国策》（宋卫策）有宋康王“为无颜之冠”，是指无礼地露出额头部分。在额头上添加文身这一古俗在春秋时期就已经被遗忘了，似乎被认为是夷狄的风俗，《左传》庄公五年的疏中说郳颜字夷父。名和字选取了含义上有关联的字，即名、字对应。清代王念孙的《春秋名字解诂》（《经义述闻》所收）中解释道，颜和岸一样，是高且不平坦的意思，而夷则是平坦之意，所以这是用相反之义起的名字。不过当时人们应该很清楚夷俗中有文身的习惯，因此和施加有文身的颜字相对，而用夷父作字。

产、彦二字分别指出生、成人之际的文身，而文指的是死葬之际的文身。祭祀先人时称文祖、文考（父），其庙称文庙，便是为此。“文”字所表示的是在人的全身之形的胸部加上v形、×形、心字形等纹样，字形多达数十种。其中，从心字形的文字在后世

---

① 一般指日语中对汉字的古代读法。

有时被误释为寧（寧，宁）五上字。“寧”字的意思是将牺牲之血及心脏盛入器皿中作为祭品进献，以安祖灵。记载西周时期诰命的《尚书·大诰》中有“前寧人”“寧王”等语，虽然其含义并不明确，但是同书的《文侯之命》中有“前文人”，另外《诗·大雅·江汉》中有“文人”之语（按，“告于文人”），可见《大诰》的寧是文的误读。首次指出这一点的，是清末的金文研究家吴大澂的《字说》，在书中他认为金文中所见的文的字形后来被误读成了寧。但是关于文的古字形为什么会含有心之形，则并没有论及。一般认为心十下的字形可能是心脏的象形，将这一被认为是生命的根源的形状加到胸部，恐怕是寄托了回生的希望。v 和 × 是祓除邪气的咒禁符号。总的来说，v 形是整个文身圈中最普遍的，舒斯特解释说这是鸟翼的形象，不过 v 形是加在胸膛上的最自然的形状，未必是以鸟翼为主题图案（motif）。和出生时在额头上加 × 或 + 相同，其被认为是咒禁符号。

无论是出生还是成人，在人的一生之中都意味着加入新世界，脱离旧世界。自然界亦是如此，季节的推移和年岁的更改，都意味着灵（「霊」）的新生或复活。人的一生也是同样的道理。对于自然有季节祭，对于人则有作为加入式而举行的通过仪礼，这在古代生活中被视为特别重要的事情。此际的文身可以看作一种咒的仪礼，能够在人的灵魂短暂地离开他的身体之后，并直到授灵仪式举行、获得新的灵魂这段暂时空白的时期内，守护其免于邪灵凭附的危险。

妇女的文身，以乳房为中心加在胸的左右，爽、奭、爾（尔）等便是其字。爽和奭，原来应该是声义相近的字，都具有“明”之义。

爾同样也具有美丽、明亮的含义。爽三下，《说文》言“明也。从㸚从大”[①]。爾三下也含有㸚形，《说文》云“丽尔，犹靡丽（美丽）也”，关于其字形，则说“从冂从㸚，其孔㸚，尒声。此与爽同意”。徐锴《说文系传》中认为㸚是从橱窗中漏出的日光之意，但并不能以此来解释爽、爾的字形。

关于奭四上，《说文》训为“盛也”，说其字形“从大从皕，皕亦声”，把它看作会意字，且皕亦声，不过并没有皕的用例，其读音也并不明确，可能是百的转音。从皕字的还有衋五上，《说文》言“伤痛也”，其字从血和聿，皕声。还有㶳五上，《说文》言“气液也”，是聿（针）刺进皮肤，𧖴液（血汁）在盘中流动之形。也就是说衋是指用针文身时的伤痛之语，皕是加在胸部左右的纹样，奭就是加上这种纹样的字。皕是以双乳为主题的文身的形状，爽和奭都是指妇人的文身。

卜文、金文中有被认为可能是爽、奭的初形的字，在“大”上所加的纹样，和“文”的字形中所含有的形体大体相近。其字的用例有，在祭祀殷代的王妣时，以诸如“武丁奭妣辛”这样的形式使用。对于加在“大”的两旁的皕，以前人们不知道它是文身的纹样，而提出了很多假说。比如卜文研究的先驱罗振玉所著的《殷虚书契考释》卷中，认为奭的两旁是火，与辉煌、耀眼之意的“赫”是同一字，乃古代称呼王妣之语。郭沫若氏的《甲骨文字研究》卷上认为该字是人跳舞之形，故而转用作与“舞”音相近的母之义。但若解释为母的话，则与王妣

① 徐锴曰：大其中，隙缝光也。（《说文解字》页64）

之意不同。另外，还有学说认为是两腋之下夹着器皿之形，或为加上光明之形、加上双目之形，等等，不过没有一种注意到该字形和文身的关系。将“奭”和“文”的字形一比较便可知，它确实是文身的纹样。

文是在男子的胸部所加的文身，爽、奭是以妇人的双乳为中心所加的文身，这些都是在死丧之际所施加的文身。因此，在祭祀先人的时候，会将这些字冠在先人的名之上。从爽、奭的字形可以得知，爾也应该是指妇人的文身之美的字。爾是麗爾（丽尔），亦即美丽之意，可能是因为其是以朱所加的绘身。正如《诗·小雅·采芑》所歌，“路车（兵车）有奭”，注中说奭是“赤貌”。明器即随葬器物，也多用朱六上。西周时期的金文，卯簋中有“昔,乃祖亦既命,乃父死嗣莽（地名）人。不淑（死去）取我家窠（朱）用丧”之文,可见有于臣下的丧礼赐以朱的情形。窠是上部有蒸气孔的器皿，是通过熏蒸而得朱之意。在殷代陵墓中发现有很多用于明器等的朱砂附着在土上，即是所谓的花土。一般认为，棺椁上也会涂朱，尸体上可能也会以朱施加文身。尸体上施以朱，是一种圣化的方法。在我国的古俗中，也会将朱用于咒祝中，从“青丹（あをに）よし”“赤（あけ）のそほ船”“緋（あけ）の纁”这些用语中便可窥知。

死丧之事，在古代人的观念中，未必是凶事。比如西周的金文中，表示司治之意则使用“死嗣（尸司）”一语，由此也可见人们对“死”这一用语并没有特别嫌忌。所谓凶事，毋宁说是会令人畏惧之意。因此，为了袚除邪恶，要在生者的胸部加上 × 形的文身。凶七上，《说文》中释为“恶也。象地穿交陷其中也”。凵是地的凹陷之处，凶字是陷落进洼地里的意思；但是，凵是胸膛的形象，×是文身的纹样，凶字应是表示凶事中的仪礼。胸的初形是匈字，《说文》第九上训为“声也”，“凶声”，而其字形是在凶上添加侧身之形。另外，为了强调凶事，在人的上面加上凶就成为兇（凶）七上字。也就是说，凶、匈、兇、胸、恟字都属于同一个系统。并不是像“文”这样作为一定的仪礼而施行者，而应该是在凶惧之际所为的。

作为吉礼的文，和作为凶礼的凶，都是表示文身的字。文身当中还有作为刑罚而施行的刺青，相关之字都从属表示刺青所用的针——“辛”，又成一系。犯罪在古代被认为是对神的冒渎之意，而刺青是为了祓除所犯之罪。

古代把文字叫作文，可以说与文身的纹样具有咒饰的意味有一定的关联吧。具有构成部分，并且以之来表现某一内容、意义者，就是文。关于文字的构造，有“夫文，止戈为武”（《左传》宣公十二年）、“故文，反正为乏”（同前，宣公十五年）、“于文，皿蟲（虫）为蠱（蛊）”（同前，昭公元年）如是之说，其中文都是文字的意思。从文字学来说，文和字是被区别开来使用的。许慎的《说文》叙中论述了文字的发展，“仓颉之初作书，盖依类象形，故谓之文。其后形声相益，即谓之字”，文是单体的象形文字，字是会意、形声等复合字。所谓“说文解字”，这一书名就是“说其文，解其字”之意。这是以“字”为孳乳、增加之意，并非“字”的本义。就像“文”发源于加入仪礼一样，“字”之所以用作文字之意，是因为“字”也和通过仪礼有关。

字和名

字十四下,《说文》言“乳也”,即授乳之意,将其字形解说为“子在宀（家）下”,“子亦声”。可以认为是妇人在屋室之中为孩子授乳之意，不过卜文和金文中所见的宀表示的是庙屋。以前，一般的住房几近于半穴居。字原本是指表字（アザナ），是举行成人式时所取的别名(「よび名」)。《礼记·冠义》中说“已冠而字之”,另外,成为妇人之时,正如《公羊传》僖公九年所说的“妇人许嫁，字而笄之”，取字是成人式的仪礼。但这或许是后世的解释。字还有字乳（按，即生育）之义，因为是在成人、许嫁的年龄，与养育之义并不相合。

人能够享有生命，是因为继承了祖灵。古代的人们对此深信不疑，因而产生了各种仪礼。出生之际在额头上施以文身，首先便是为了守护应为祖灵所宿的肉体不受其他灵魂的侵扰。但是至于新生儿是否符合祖灵的意志，就有必要进行对神意的验证。为此就要举行流弃等活动。流弃之语表示的是对新生子所进行的验证神意的方法。

流十四下字，是把孩子放进水中漂流的形象。字的右旁是头发倒垂的孩子的形象。关于初生儿的流弃，我国神话中也有水蛭子的传说。伊邪那岐命、伊邪那美命二神绕天之御柱奔走并立誓之后，最先生下的便是水蛭子。“此子入苇编船而流去”，从法字中可知，去字也是流弃之意。关于水蛭子的解释有诸多说法，松村武雄氏的《日本神话研究》（第二卷第三章）中试图对其进行集成，总的来说可以认为是对流弃初生儿的习俗的传承。这一习俗以《旧约》

的摩西的传说为代表。在各地广泛存有同一类型的故事，中国古代也有这种习俗，这一点从文字学上亦能获悉。可以视为其遗风的，如晋代张华的《博物志》卷二，在“异俗”中，描述荆州西南界的獠族的风习时，记载了“妇人妊娠七月而产，临水生儿，便置水中，浮则取养之，沉便弃之”的水占法。水蛭子被放进芦苇船流弃的传说，尽管从其传说的形态来看和这种水占相异，不过结合流的字形来看，可以认为其是水占的一种形式，或者说是一种以水来进行修祓的方法。流是一种放逐凶神的形式，在《书·尧典》中用作“四凶放窜”的手段之一[①]。

棄（弃）四下是将去，亦即逆产儿放进箕中抛弃之形。流是投弃入水中，与此相对，还有的风俗是遗弃到森林或原野等不易为人发觉的地方。根据周朝的始祖的传说，姜嫄践巨人的足迹后怀孕而生弃，以其不祥而弃之于隘巷、弃之于林中，又弃之于寒冰之上。然而发生了一系列奇瑞之象，婴孩终获救，长大成人，成为周朝的始祖后稷，《诗·大雅·生民》中对此进行了歌唱。像这类拥有异常出生传说的例子非常多，比如广为人知的乌孙王昆莫、“北夷”橐离王的侍婢所生的东明王等人，类似的故事有很多。在这种遗弃故事中，似乎也含有占卜的意味以及祓除灾厄的目的。此外，实际上还反映出杀死初生儿之事，《汉书·元后传》中就记载着羌胡有杀死初生儿的习俗（按，“羌胡尚杀首子以荡肠正世”）。《墨子·节葬下》也记载了越东（按，“越之东有輆沭之国者”）有吃掉长子的“宜弟”（即有益于弟弟们）之俗；另外，该国还有父亲死

① 见于《书·舜典》，曰“流共工于幽州”。

去便称母亲为“鬼妻”、将其遗弃的弃姥之俗。

若流弃有这样的意思，那么可以认为，在生育孩子上，具有加进了神的意志及祖灵意向的思想观念。为了继承祖灵，在给新生子加上祓除邪灵附体的“アヤツコ”一类的咒饰的同时，还要举行庄重的受灵仪礼。这称为“保”。保八上，《说文》中训为“养也”，孚省声[①]，金文字形则是人背着婴孩，孩子的头上戴着玉，下部以衣包覆的样子。有时是在字形的下部添加了贝。玉和贝原本就是祓除邪气的咒器，同时也是蓄藏灵魂之物。包覆下身的衣服，大概相当于我国所说的“真床覆衾”。这种形式在后来的大尝会的祭仪中继承了下来，《延喜式》的大尝祭仪中有相关的规定。即在悠纪院设正殿，在地上铺束草、竹箦，置席和御帖，户上悬挂布幌，布置成与神一同寝卧的形式。在中国也有相似的情形，古代的即位继体仪礼当即是以这样的形式进行的。《尚书·顾命》记述了成王崩后，康王行其继体之礼的仪礼程序：成王之疾重笃，于是王洗首、发，凭玉几，在大保（按，即太保）等诸官的侍立中下达遗命。授命完毕，出“缀衣”于庭。翌日，成王崩，大保等遗臣将嗣王康王迎入先君的翼室；七日后，殡殓毕，举行了即位仪式。

仪式举行时，又陈设缀衣，置篾席，在玉几上陈列种种珠玉和弓矢之类兵器，由史官传达先王遗命所授的嗣位，举行即位的诸仪礼。王国维认为《顾命》是可供考证周室一代的大典的唯一资料，对之非常重视，在《周书顾命考》《周书顾命后考》及其他数篇文章中对其仪礼进行了论述，不过并没有涉及缀衣的内容。

① 保，养也。从人，从𤓽省。𤓽，古文孚。（《说文解字》页159）

据后汉郑玄的注，缀衣是殡时用衣（按，《顾命》郑注曰，“连缀小敛大敛之衣于庭中”），可是从成王的缀衣是在王崩之前出于庭中、在康王即位的仪礼上先王的缀衣又设于室内这点来看，其本来应该是与我国的真床覆衾有相同意味之物。[①]《顾命》中的仪礼，后世以之为即位继体仪礼的典范而传承下来，其间可能有对古式进行改作之处，不过依然保留了覆衾一类的古仪。

司掌该仪礼的，是太保以下的太史、太宗等圣职者。成、康之际的太保是召公奭，其家在金文中称为大保，召公家的作器上都署有特殊样式的图像，那就是“大保”之名。保字之意是新生子的受灵、继体仪礼。受灵、继体直接通过其衣裳来进行，以大尝仪礼为例，是通过一同寝卧在覆衾中来完成灵魂（「霊」）的继承，可能因此就用俣的字形来表示。保字后来写作省掉了玉的字形。在《顾命》中，玉座的周边会放置许多珠玉，一般认为这些东西可能本来是直接戴在身上的。在我国的真床覆衾中，其后天孙将得到永恒的灵即祖灵附身，“拨天之八重云，带其神威而择路前往”（《古事记》），携着强烈的圣灵（「息吹き」）翱翔九天，降临地面。如此一来便将祖灵也带到了地上。

辅助周王朝创建的，就是这位大保召公奭，还有明保周公。周公的家族也将明保作为自己的圣号而一直传承下去。周初的器物令彝，是一件拥有完整器形的青铜器，以其充满神圣之气的纹样而闻名，其上称周公之子为明保。明七上，俗说认为是日和月的会意字，而《说文》认为其乃月和囧（窗）的会意字，是月光照进窗户之意。

---

① 仪式中都“蕴含着将先帝的灵魂移诸衣裳后给新天皇赋予了君权神授、万世一系且神圣不容置疑的政治正当性”，详见《东亚的“殷”魂》，韩东育，《读书》2017年第5期。

窗下即是祭祀神明的地方。《诗·召南·采蘋》是歌咏家庙的祭祀活动的，在窗户下供上洁净清爽的水草，歌道“于以奠之，宗室牖下”。之所以把明用作与祭祀相关的神明、明器等，便是为此。因为誓约之事也要在神明面前举行，所以叫盟。所谓明保，指的是与大保一样司掌受灵仪礼的圣职者。不过由成王到康王的受灵继体的仪礼，不是由周的同族明保来主持，而是由与周异姓的大保召公来司掌,这可能另有深意。在《顾命》的受灵仪式上,宣读完遗命之诏，在王与大保之间要举行类似我国的“三三九度”[①]这种形式的献酬。大保在这种场合下，其地位应为神的代位者。这跟在我国举行“アヤツコ”的仪式时会将主持事务委托给显贵的客人是一个道理。大保从室中退出,《顾命》之礼方才结束。

保的初义未必就是指即位继体，本来可能是指新生子的受灵仪式,也适用于继统上的仪礼。《礼记·内则》中记载了生子的仪礼。妻子临近产期，就入居侧室（按，“妻将生子，及月辰，居侧室”)。这和《顾命》所记载的进入正殿的邻室（按，即“翼室”）有相似之处。生了男孩就把弧（弓）挂到侧室门的左边，生了女孩就把帨（佩巾）挂到门右边。男孩出生后第三天，占卜出一名合适的士人，让他来抱负着孩子。吉士前一天就要斋戒，穿好礼服等候在寝门外，接过孩子，将其抱着，用桑弓、蓬矢射天地四方，以祓除邪气。结束后，保母再接过孩子抱负着。据记载这是国君的世子之礼，应该保留了古老的受灵的形式。保母指的是参与受灵的女人。[②]

① 日本在神前举行的仪式，称为“三献之仪”，使用一套三只杯子，每只各敬酒三次。

②“国君世子生，告于君，接以大牢，宰掌具。三日，卜士负之，吉者宿齐，朝服寝门外，

根据《内则》的规定，三月后，择好吉日接子，即父子见面。抚养之事都是保母等妇人的职责。取名则是“咳而名之”，在孩子笑了之后进行。[①]众所周知，在中国有名和字两种称呼，古时好像是先取名的。但是字含有授乳、养育之意，一般认为字和养育等仪礼有关。取名即意味着孩子获得了作为氏族成员的完备的资格，所以在此之前还要举行几个阶段性的加入仪礼。

春秋以后，人的名、字，含义相对。前文述及的郑颜，字夷父，以其有夷俗的文身。孔门的颜回字子渊，渊指回水。曾参字子舆，读作参（参）的字是驂（骖）的省略字，这是据车舆之义而取的字。因为参是星名，所以曾参的正确读音是そうさん（按，zēng shēn）。根据记载孟轲也字子舆。从这类名、字对应的关系来看，首先应该有名，而直到成人才能够获得作为氏族成员完全的人格权的承认，这是年龄等级社会的通例。名是在成为氏族成员之际的加入仪式上获得的，在此之前使用幼名（乳名），这叫作小字。小字是在举行将养育之事告祭祖灵的庙见礼之时获得的；“字”的字形所示就是庙见礼。

文和字二字本来的含义是“加入仪礼”，后来被用作“文字”之意。名这个字也是指加入礼仪，不过后来也被用作“文字”之意。在我国，汉字被称为真名，かな（按，指的是日文字母）叫假名。在中国，名也被用作这一意思。《论语·子路》中的“必也正名乎！”，郑玄注曰“古者曰名，今世曰字”。《仪礼·聘礼》说“百名以上书

诗负之。射人以桑弧蓬矢六，射天地四方，保受。乃负之。”（《十三经注疏·礼记正义》，〔汉〕郑玄注，〔唐〕孔颖达疏　龚抗云整理，王文锦审定，北京大学出版社，1999年，页860）

① 据《说文》，“咳，小儿笑也”。（《说文解字》页25）

于策(木札)",即是百字以上之意。大概是因为名表示所有的事物,故而其表记文字也读作名。

名二上,《说文》以“自命也。从口从夕。夕者,冥也。冥不相见,故以口自名”来解释其形义。就是通常所说的,黄昏时分,看不清楚脸,把名告诉对方之意,不过这种俗说不太像是许慎的观点。名的上部并不是夕,而是祭肉之形。祭一上是手持祭肉之形,后来加上了祭桌之形“示”。名的下部的ㅂ是祝词之意。卜文、金文中含有ㅂ的字形多至百数十字。一直以来都把ㅂ解释为口耳的口,但是这样则难以阐明这个系列的字。ㅂ是将祝词放入其中的容器,容器中有祝词之形是“曰”字。

名很可能是表示命名的仪礼的字。肉是祭肉,ㅂ是告祭祖灵的祝词。字是让新生子谒见祖庙之礼;育十四下是由子和祭肉组成的会意字,是将养育事宜告祭祖灵之礼;名还是供奉祭肉、奏上祝词,而举行命名仪礼的字。新生子由此而始获得成为家族、氏族一员的资格。也就是说上述的字都是表示加入仪式。肉在庙中供奉完后,供人们共餐时享用。加入仪式中,多伴随有共进圣餐的仪礼。

名是实体的一部分,也意味着实体本身。一般认为知道对方的实名,就能够控制对方的作为其实体的人格。《万叶集》的歌中,有很多男方问女方之名,女方秘而不答的例子。

染紫加灰,椿市街头会;遇妹未问名,不知是阿谁。

十二·三一〇一[①]

---

①《万叶集》,赵乐甡译,译林出版社,2002年,页555。后文所引《万叶集》译文,如无特别说明,皆为此版本。

欲将母唤名字告；怎奈，路遇行人，知是谁家少。

十二·三一〇二

像这样的问答有很多。说出名就是有相许之意。

隼人有名夜声闻；既将名字告，做我妻，莫逡巡。

十一·二四九七

像这样将名说出来，就将心意确定了下来。就连把自己知道的名泄漏给别人也是一种禁忌：

不将哥名，擅对人讲；舍命为信誓，惟愿勿相忘。

十一·二五三一

磐垣潭，心事隐埋；宁愿默默死，汝名不公开。

十一·二七〇〇

像这样，就算豁出性命也要保守秘密。因为名一旦被知道的话，就有可能成为被诅咒的对象。在古代中国，结婚的仪礼中，必须行“问名”一项，问其名是结婚的一道程序。

与名相对的字的诞生，便源于这种实名敬避风俗，即隐藏本名，对尊者的本名还要恭敬地避讳。《仪礼·士冠礼》中，男子行毕加冠之礼，就要为其取字。女子也要在许嫁而加笄之时取字[①]。

① 《仪礼·士昏礼》，“女子许嫁，笄而醴之，称字”。

金文中所见的女子的字中，像鱼母、原母、车母等，带有“母”的字很多。王国维《女字说》中说，这跟男子的字中多用“父”或“甫”字一样，是为了表示母性的资格。[①]男子叫吉甫、多父等的例子很多，不过这些是不是字还是个问题。若从上文所举的名、字对应的例子来说，春秋以后一般是叫子渊、子舆等。

男子的字冠以“子”，可能是源于殷代的习俗。殷王的儿子们，获得领地，在各地建立国家，这时对王之子的称呼中就冠上了领地之名，而称子郑、子雀之类。这些并不是字，而是正式使用的名。随着忌避本名的风俗普及开来，没有领地的人很快也在字中冠以“子”。取的字要与本名在字义上有关联，像端木赐字子贡（赐和贡含义相反），卜商字子夏（商和夏都是大的意思）。殷王的儿子们的字由来各异，但都是基于实名敬避的习俗。像这样，由于忌讳本名，所以称本名为“讳”，即“忌名”之意。这一习俗是基于名和实体具有**融即关系**的观念，流行于极其广泛的地域，我国原来也有这样的习俗。在我国，采用的是美称、尊称、避称等形式，这些都属于实名敬避之俗，这在穗积陈重博士的《实名敬避俗研究》中有详细的论述。

文、字、名，都是表示加入仪式上所行的一种仪礼的字。加入了新的灵的世界，就意味着获得了新生命，因此其名也应当改变。恐怕小字本来是幼名，而名是成人之际才有的。后来由于实名敬避的习俗，要选取一个不同于小字而且与名有对应之义的文字来作为字。在我国，古时应该也有这样的年龄等级性质的加入仪礼，

---

①《女字说》云，“盖男子之美称莫过于父，女子之美称莫过于母。男女既冠、笄，有为父母之道，故以某父某母字之也”。(《观堂集林》，王国维著，中华书局，1959年，页165）

但是就所知的中国的这种名字之制来说，毋宁说在日本敬称法得到了发展。

在中国，并没有流传下来像我国的“アヤツコ”这类的初生之际的仪礼，但中国曾经是有这种风俗的，这从“產、彥、顏”等字形便可以获得确证。不仅是初生，还有成人之际，死丧、凶礼之时，都有施加文身的仪礼。文身的习俗后来失传了，中国中原地区的人认为断发文身是异俗，是未开化的表现，但是相关的文字的形象却表明他们以前也是文身族。另外，年龄等级性的诸种仪礼与名字之制的关联也可以通过文字形象推论出来。像这样通过对古代习俗的发掘，可以对基本字的全体情况加以了解。在甲骨文、金文中见到了一千几百个字，其形象可以说如实地反映出造出这些文字形象时的古代的生活。

文字的发明，让人类从未开化走向了文明。但是打开文明之窗的文字，它的身后背负着一个在漫长的时期中尚未开化的世界。作为象形文字的汉字，不用说，在步入文明世界以前，也是经过了漫长的积累的。无论是在传承[①]上还是在记录上，都保留了已经消失了的遥远的过去世界的余音遗痕。就像化石一样，虽然自身不会言语，但是我们人类可以从中发掘出作为古代文字的背景的古代世界；还可以探寻并确定古代文字得以形成的基础，即其社会的实态。本书正是要在这方面进行尝试。

---

① 日文原文为「伝承」，在本书中多次出现，指继承自古以来的制度、信仰、习俗，以及传说等，并传与后世。

第二章

融即原理

左◎

◎

右◎

2–4

巫◎

◎

尹◎

◎

伊◎

◎

君◎

◎

2–3

巛(災)◎

戋◎

◎

哉◎

2–2

在◎

◎

士◎

2–1

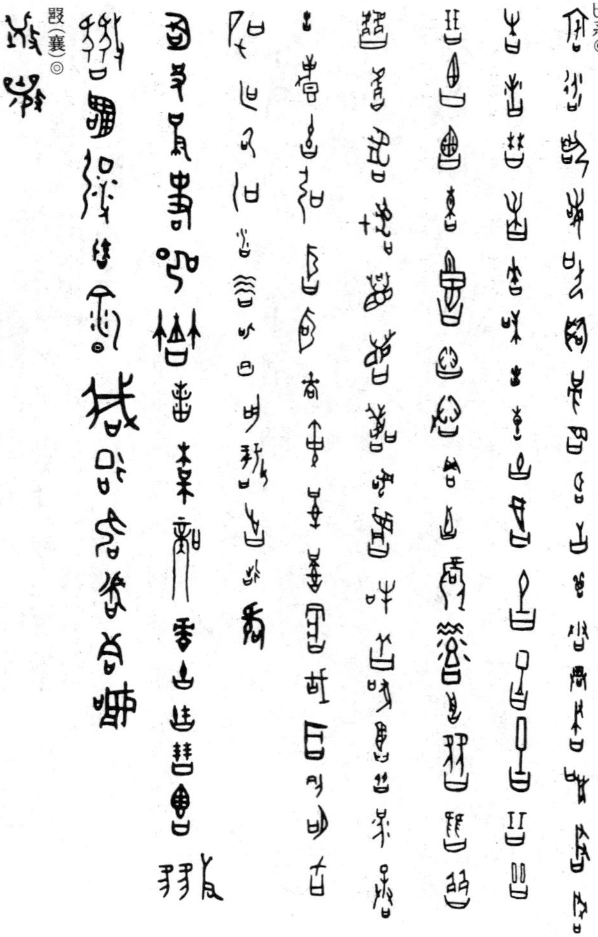

日系◉

毁(襄)◎

2–5

王

王系

戉

戊系

戊

2–9

美

美系

饉

難

烄

2–7

祝

兄

2–6

須

髮

2–8

告◎ ◎ 牛◎ ◎ 牝◎

牡◎ ◎ 牧◎ ◎ 某◎ 臬◎ 噩◎

2–12

示◎ 示系◎

禘◎ ◎

2–11

皇◎

帝◎ ◎

2–10

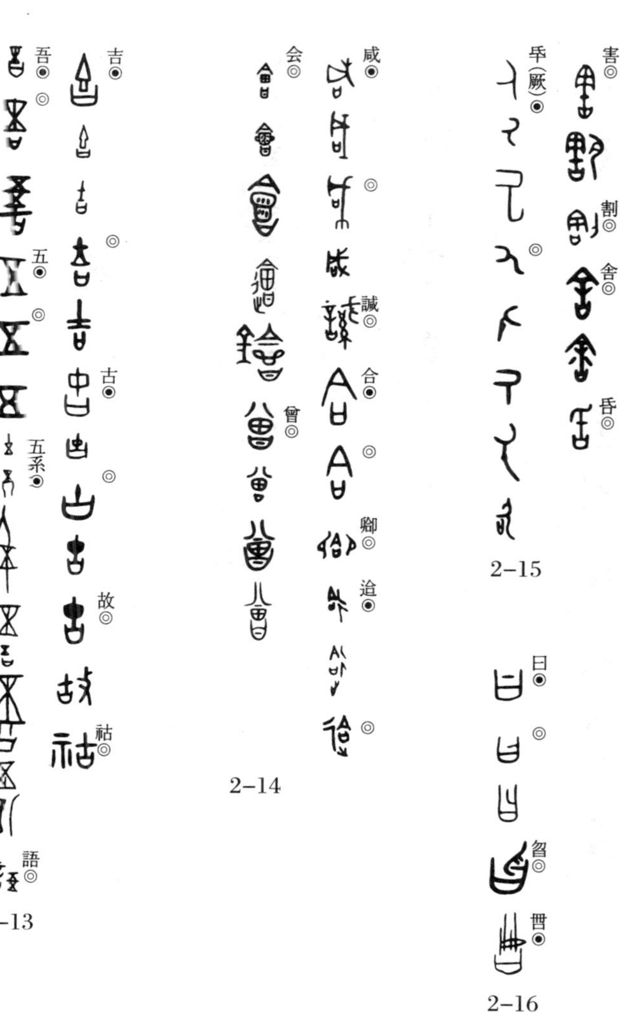

害◎
割◎
舍◎
舌◎
氒(厥)◉
◎
2-15
曰◉
◎
曶◎
曹◉
2-16
咸◉
◎
諴◎
合◉
◎
卿◎
迨◉
◎
会◎
曾◎
2-14
吉◉
◎
古◉
◎
故◎
祜◎
吾◉
◎
五◉
◎
五系◉
語◎
2-13

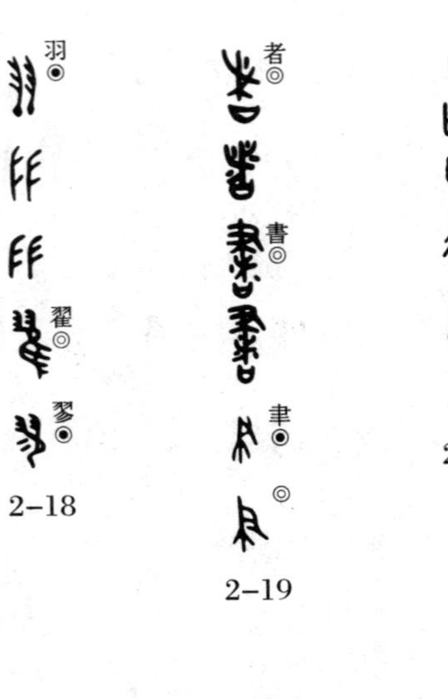
載
2–20
者
書
聿
2–19
羽
翟
翏
2–18

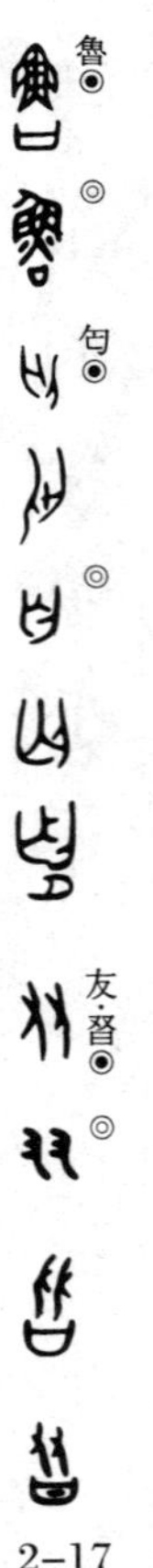
魯
匄
友·習
2–17

御 禦 後 許 顯 孫 緐 系系

2–23

中 中系 中(仲)

2–22

史 使·事

2–21

神杖

文字形成之前的传达方法，是语言，是标识或记号。语言是针对特定对象的传达方法，而标识或记号针对的是非特定的对象。通过这种表示方法，对诸如神圣、禁止、所有、所属、身份等进行公示。这些大体上都采用了将事物象征化的方法。当这些象征性的含义固定化，具有了普遍性时，通过这些表记的记号就可以知道其所象征的事物。这种用于表记的记号最接近于文字。

比如说，有一棵树，这棵树是作为某种神圣标识而种的，当此事被普遍承认的时候，种树之处便是圣域了。再比如说，有一根杖，若该杖总是为圣职者所有之物，那么拥有杖的人便是圣职者了。树未必有枝叶，杖也并非必须有手握之处，作为记号时，可以把这些都省略。虽然本来是具体的形象，而作为记号，就要在获得普遍承认的基础上将其极度简略化。这是一种象征的手法。要想理解古代的文字，就必须理解蕴含在这些古代文字的表现意识当中的抽象规律（「捨象の論理」）。

存在的在十三下，古时作𠂇，非常接近十字形。其基本形是像十字架一样纵横组合起来的木。其交叉部分，在金文字形中有非常明显的鼓起，不能认为只是个扭结而已。要想理解这个简略的记号的意思，就必须找出当时的人们赋予这一形体的一般性的规定。

并非自然的树木，而是以十字形组合成的这种木，无疑是某种标识。后来，“在”的字形写作在十字形木的基础上添加了“土”。因此在《说文》中将其解释为形声字，说“在，存也。从土，才声”，不过在卜文、金文中，“才”是“在”的初文，“在”是于其上添加刃器而成的字。刃器即钺的刃部在下的形状，也就是士一上，是表示士的身份的仪礼之器，这种兵器多作为圣化之用。通过添加这一新的要素，字义越发清楚了。这在我国叫“斋串”（いぐし）[①]，即标木（しめき）。《旧事纪·天孙本纪》）中记载，“竖神楯（かみたて）”以为斋串，与“在”字的形象相似。标木是种记号，将草等物结系起来而竖立之，表示神圣、所有。在日语中，“標（しめ）”（按，即标）和“占む”（按，しむ）是同源之语。“大伴远祖，先人有坟茔；应立醒目标（「しめ」），人知其光荣”（十八·四〇九六），“不知山已有人守，入山结标（「標」）记，丢了丑”（三·四〇一），等等，在《万叶集》里能见到很多这样的歌。竖起标的地方称为标野。

十字形相结合处的鼓起是ㅂ形之物。这是已经见于命或名的字形中的祝词之器。它不只是将树木结系起来，而已经具有了作为咒标之意，在其上系上作为咒符的祝词，所拥有的咒能就越发高了。后来，又加上了咒器钺，明确是指圣域了。“在”字是在才上加上“士”，也就是钺头而构成的字。

“在”除了存在之义外，还有洞察、存问等含义。在这样的

---

① 斋串，即在榊（杨桐树）或者筐（细竹）等的小枝上挂上币帛来献给神灵之物。

圣地之中，能够祓除污秽和不安。其间有神灵，是神灵所守护之地。存十四下字，《说文》言“恤问也”，“才声”，不过该字原本是会意字。木是神所依附之物。这是圣化和修祓的最基本形式。在我国，山神和田神被认为是只有一只脚的神。稻草人（「案山子」）等也是被叫作久延毗古（クエビコ）的田神。把稻草系到木上的サイメ，作为境界之神在各地受到崇拜，也可以视为是同样的习俗。在中国的古俗中，军门前立的禾形木、圣域前立的交午柱（后来的华表）、满蒙地区在家门前立的神杆等，都与此有着共通的性质。

災（灾）字在古代从水和⿱（さい），是水害之意。殷王朝所在的黄河一带，自古是水害多发之地。火灾之字作烖十上，《说文》言“天火曰烖”，认为是𢦏（さい）声。字也写作菑，不过巛出自卜文中指水害的“水”和“⿱”的形状。巛十一下，《说文》言“害也。从一，雝（壅）川”，不过本来是从⿱的字。天火是灾十上字，可能是指庙屋等在雷火所焚。𢦏系统的字，皆从⿱获得声义。

卜文的災之所以从水和⿱，可能是因为作为标木的⿱意味着遇上水祸。邑遭到水侵叫作邕十一下，《说文》言“四方有水，自邕城池者。从川从邑”，邕有壅闭之义。四方环以水的圣所叫辟雝，雝也作雍，《周礼》秋官的“雍氏”即掌管沟渎浍池之禁。

⿱作为神圣之标记，可能是用来守护人们免于水火之灾的。给其加上兵器，就成了咒符，是𢦏十二下[①]字。《说文》中训为“伤也”，而金文中则用于“哀才（かな）”“哀𢦏（かな）”等语，是“哉”之义。𢦏

① 此字在中华书局2013年版《说文解字》中写作“𢦏”，言其“从戈，才声。祖才切”。详见《说文解字》页267。

的上部的十字形是ᅲ的简略形。将ᅲ加到戈上是以之为咒饰，而且是获得𢦏的声义的亦声之字。哉二上是𢦏字加上ㅂ，表示祝祷之意。《说文》说“言之閒（间）也”，视为表示咏叹的终助词，但是卜辞中没有助词的用法，该字的本义应该另有其义。从该字为在戈上加了咒饰ᅲ，又加上ㅂ来表示祝祷之意可以看出，可能是武器的圣化或者开始行军时的礼仪。最早的训诂之书《尔雅》，其《释诂》篇中说哉，“始也”；金文中有“哉生霸”“哉死霸”之语，将之用于把一个月分为四周时的月相之名，意思是“哉(はじ)めて霸（魄、光）を生ず”“哉めて霸を死（消）す”（按，即“霸初生”“霸初死”之意）。这一训释已经见于才六上字当中，《说文》将才字训为“草木之初也”，即枝叶将生之象，而才的初文是ᅲ，加上标识ᅲ就意味着仪礼之始。载十四上也被训为“初始”“施行”，可以说该字也跟行军的仪礼有关。裁和栽可能也分别有对神衣、神木进行某种处理的意思。才、哉、载之所以都意味着某一事物的开始，是因为ᅲ是神凭附之处的咒标。同样作为咒饰的，还有绥十三上、旞七上，可能是与“才”同系统之语。这可以看作将我国称为“斋串”者咒饰化之物。

尹三下是持杖之形。这个杖意味着什么，对于当时的人们来说很明确，但是到后世其意味就遗失了。《说文》训为“治也”，将其字形解说为“握事者也”，据此而有说法认为，该字是官治之意，将丨解释为笔，一人执笔便是尹，是治理、解决之意，二人执笔时就是争[①]，是争夺之意。“笔”的初文“聿”写作⼈之形，这是原则，

①《说文》第四下：“爭（争），引也。从𠬪、厂。”徐铉等校定曰：“厂，音曳；𠬪，二手也。而曳之，爭之道也。”（《说文解字》页79）

由“争”是“静”所从字形这一点来说，是持有“力（すき。按，锄头意）”的字形。此外，也有说法认为尹是类似父亲将杖举起的意思的字，不过父亲所持之物是斧。正因为形状单纯，反倒出现诸多说法，但是尹在古时是事神之人的称呼，其所持之物是神杖，是神灵依附之物。

该木杖大概是我国所说的“あれ木”（阿礼木）。在大尝祭的仪式上，八名舞者执“阿礼木”而舞（《贞观仪式》卷三），此“阿礼木”无疑是神灵所依附之物。神乐歌中对于作为道具[①]的榊、幣（币）、杖、篠（荃）、蘰、弓、剑等都有歌唱，对于杖是这样歌唱的：

この杖はいづこの杖ぞ天にますとよをかひめのみやの杖なり　本歌

あふ坂をけさ越えくればやま人のわれにくれたる山杖ぞこれ　末歌

（此杖究为谁所有　天庭丰冈姬宫物

今朝越过逢阪关　山人赠我此山杖）[②]

筵也是神灵依附之物，这点从《古语拾遗》中天钿女命（天のうずめ）[③]以手草（たぐさ）而舞就可以看出来。能剧中的狂女拿着

① 此处原文为“採物（とりもの）”，指在日本的神乐（かぐら）等神事表演中舞蹈者手中所持之物。这里所说的歌唱榊、币、杖的歌，即“採物歌”。

② 这里译者将原文翻译成了现代日语：“この杖はどなたの杖でしょう？天にいらっしゃる豊岡の姫宮の杖です。大阪を今朝越えてくれば、山人が我にくれた杖こそこの山杖である。”再将其译成中文，供读者参考。

③《日本书纪》等书里记作天钿女命（アメノウズメ），《古事记》则记作天宇受卖命。

小竹枝跳舞可能就是其遗痕。“阿礼木”者，是加茂祭的宣命文书中所见的“あれ男”（阿礼男）、“あれ女”（阿礼女）之あれ（阿礼）；加茂的斋院叫“あれ女”，这跟把伊势的斋宫称为“神の杖代”（按，即“天照大神杖代”）是一回事，都是神灵依附之物。

所谓尹，指圣职者；所持的神杖，应为神灵附体之物。中国古代的神祇官①系统的官职有作册、内史等，其长官称为尹。辅助殷商的开国之王汤的，便是叫伊尹的名臣。《尚书·君奭》中列举了殷代的神巫之名，汤时是伊尹，太甲时是保衡，大戊时是伊陟、臣扈和巫咸，祖乙时是巫贤，武丁时是甘般，都掌管着神、人之道。伊尹、巫咸似乎被视为这类圣职者之祖，给后世留下了很多神话传说。《楚辞·天问》是记载中国古代神话传说最多的珍贵文献，其中关于伊尹是这样歌唱的：

> 成汤（殷商的汤王）东巡，有莘（国名）爰极。
> 何乞彼小臣（伊尹），而吉妃是得？
> 水滨之木，得彼小子（伊尹）。
> 夫何恶之，媵（随从服侍之人）有莘之妇？②

这一传说在《吕氏春秋·孝行览·本味》中有详细的记述，即伊尹是生于空桑之中的神之子，后来成为有莘氏之臣，因有莘氏将女嫁与汤，伊尹作为陪嫁之人便成了汤的臣子。卜辞中，有对伊尹

① 神祇（じんぎ）官是处于律令制时代的日本仿照唐代礼部所设立的司掌朝廷的祭祀事务的官厅之名，长官是神祇伯。

② “媵有莘之妇”一句，王逸注曰“有莘恶伊尹从木中出，因以送女也”，洪兴祖补注曰“送女从嫁曰媵”。（详见《楚辞补注》，〔宋〕洪兴祖撰，中华书局，1983年，页108）

的祭祀进行占卜的辞例：

癸丑，子（卜人之名）卜：来（旬）丁日，酌伊尹？

《菁华》一一·一八

有时其名字和大乙（汤的祭祀时的名字）能在同一片甲骨上看到，应该是被视为殷代的圣职者之祖。伊尹之名似乎也含有尹之祖的意味。《说文》对伊八上的解说是“殷圣人阿衡，尹治天下者”。伊尹作为小臣侍奉于汤，比如金文中有春秋时期齐国的叔夷钟说“伊小臣唯辅”，该传说一直流传到后世；所谓小臣，即我国所说的阿礼男。阿礼男之中有和阿礼女相同的传统。因此，其继承者们作为“伊五示”而见于卜辞中，被当作神灵来祭祀。

这样的圣职者，又被称为君。部族国家的王，在古时称作君，周初的金文中有多君、里君等用语。君二上是尹加上ㅂ之形，ㅂ表示祝词或神谕。《说文》言“君，尊也”，认为是指尹发号施令（按，“从尹发号，故从口”），将ㅂ解作“口号”之意。君虽然后来被用作君王之义，但是在西汉末刘向所著的《新序·杂事》中说“夫君，神之主也，而民之望也”[①]，是接近其原义的。比起说是政治性的君王，其本义应该是宗教性的神、人的媒介者。王是以巨大的钺——总归是凭借一种仪器——来展现其权威的字，而君则是执神杖，从祝告的ㅂ的字。可以说是最高级别的巫祝者。在古代，一般是由女性来担任这一职位，后来君也被

①《〈新序〉校证》，陈茂仁著，收于《古典文献研究辑刊》（五编第十册），台北花木兰文化出版社，2007年，页26。

用于女君之义，诸侯的夫人称为君氏。在我国，也有被称为“猨女君（さるめのきみ）”者，被视为巫祝之祖。君作为圣职者也负责主持占卜之事,《诗·小雅·天保》中说“君曰卜尔,万寿无疆”。所谓君臣，原本是宗教性关系的用语；所谓臣，是献给神的牺牲之意。管理臣的，是小臣。

拥有“大保”之家号的周王朝创立的元勋——召公，金文中将其称作“皇天尹大保”。这明显是尹系统的圣号。但是依据《尚书》，召公又被称为君奭。《书·君奭》记载了“明保”周公渴求君奭能够和自己一道，协力辅佐王业的事情。周公述说此事时，列举了汤时的伊尹，太甲时的保衡，大戊时的伊陟、臣扈、巫咸等历代圣职者之名，而对于召公，周公使用了君奭、保奭、君等语进行呼吁，请求召公协力成就王业，“在时二人，天休兹至”。在周朝的创建中，周的圣职者即明保周公和异族的圣职者召公二人的协力，可以说在宗教意义上也是必要的。保、尹、君，均是这类圣职者之称。这些字具有受灵、天启（「神託」）仪礼的担当者的意思,也就是指作为神与人的媒介者而拥有最高权威之人。周初,这种宗教权威与王权相统一，金文中有称呼康王为“皇辟君”的例子。召公之子鼍所作的鼍圜器上说“鼍启进事奔走、事皇辟君”。所谓奔走,原是指尽力于神事之语,《隋书·东夷·倭国传》中有“王妻号鸡弥”,与号“阿辈鸡弥”的倭王相对,指王后。这与所谓“君氏”是同样的称号。大君、君，笔者认为是古时拥有“阿礼”的诅咒能力的男巫、女巫之名。

左右考

认为亇的字形表示神所领有的圣域，“丨”所表示的是作为神的依附之所的神杖，这种解释乃是在当时的信仰的规定上形成的。字形越单纯，就越难以究明其含义。左、右等字，长期以来其含义也没有为人所充分理解。

左、右在古时还没加上工、ㅂ的部分，仅仅作又之形。又是手，根据手向左或向右来表示左、右。因此，加了工和ㅂ的左、右二字，原本并不是表示方位的“左”“右”之意，而是由工或ㅂ被赋予了别的含义。

左五上，《说文》言“手相左（佐）助也。从𠂇、工”，而右字在《说文》中两见，一曰“右，助也。从口从又”（卷二上），一曰“右，手口相助也。从又从口”（卷三下）。左、右都是相佐助之意，金文中的“左比”“右比”，或者“左右”，都是用作此意。《说文》将工、口解释为佐助的方法，不过对于工和ㅂ本来的含意并没有做明确的解说。工是工作之意，是工官、百工这样的臣下之意，作为巧的省文，和巨字一样[①]，是工作用具，被认为是锯之形，等等，有诸种说法。工五上，《说文》言“巧饰也。象人有规矩（圆规和规尺）也。与巫同意”；关于巫五上，则说“祝也。女能事无形，以舞降神者也。象人两褎（袖）舞形。与工同意”。根据乐师、乐人等侍奉神灵之人被称为“工祝”，可以推测工字被用作与神事相关之意。果真如此，则右的ㅂ之形也与神事相关。正与前文所述

①《说文解字》巨字条：“巨，规巨也。从工，象手持之。”“榘，巨，或从木、矢。矢者，其中正也。”（《说文解字》页95）

的对名字的解释一样，ㅂ的字形是祝告，即祝词之意，是将祝告之辞收纳入器物中。

《说文》将巫的字形解释为舞动盈盈长袖而跳舞的巫祝之姿，但也有让人实在难以理解之处。其篆书的字形，也在“工”中加上了左右相向的二人之形，而在卜文中，则有以双手捧着“工”之形，另外卜文、金文中还有将“工”形组合作㔾的字形。工似乎是手中所持之物，而且是咒术用具。展、塞、襄等字原本都含有由4个工组合成的字形，应该也给这些字找出一个通用的合理解释，而首先便可以从左、右的字形着手次第究明。

将左、右组合在一起的字是尋（尋，寻）：上下是手，中间是ㅂ和工。左、右的会意字为什么是寻呢？八尺叫寻，一丈六尺叫常。寻是左右两手张开的长度，所谓“寻常”是指一定的长度。《说文》认为仞八上是意为“八尺”的字，说“伸臂，一寻八尺”，不过这是针对后来所造的形声字而言的。但是，寻的本义是“寻找”之意，《说文》中将其字写作“㝷（㝷）三下”，训为“绎也，理也”，认为是工、口、又、寸4字的会意字，而且认为工和口是“乱”的意思，又和寸是“治”的意思，彡是声符[①]，不过只能说这一解释将该字彻底拆解，支离灭裂。与之有些相似的字形有𤕦二上，《说文》对其的解释是“乱也。从爻、工与交、吅。一曰窒𤕦。读若禳”。就是说其为襄的初文。襄即禳一上，是禳清之意的字。《说文》将襄训为乱，将㝷训为理，是注意到了这两字的字形中有共通之处。

将“左”“右”上下组合之字之所以是“尋”，是从寻找神的

① 㝷，绎理也。从工，从口，从又，从寸。工、口，乱也。又、寸，分理之。彡声。此与𤕦同意。度人之两臂为尋，八尺也。（《说文解字》页61）

所在之处的行为而来。神灵的所在大多是不为人所知的。除非神灵显神威、现所在、示名号，否则很难确定其祀处。《礼记·郊特牲》中有称作“祊”的祭祀仪礼，问道，“不知神之所在，于彼乎？于此乎？或诸远人乎？”《说文》中认为㝷是尋的本字，彡是其声符；不过彡恐怕是为了展示神气而添加的。彡九上表示色彩的字有彣彰和彦、彫（凋），表音响的字有彭（鼓声），表示气的字有彡（以酒而祀的祭礼）等，㝷是寻找有神气的地方之意。另外寻绎的绎是牵引着丝而寻求之意。

之所以说左、右组合成的“尋”字是寻找神灵所在之意，是因为左、右二字表示的就是寻找神灵所在之处的行为。左字含有可以召唤神的咒具“工”，右字含有请神降临的祝词“ㅂ”。巫祝在此时左右手各持着请神降临的咒具和祝祷之器，恐怕是用舞蹈的动作来施行寻神这一行为。在我国的东国歌舞（「東遊び（あずまあそ）」）①中所看到的左右飒飒之舞等，恐怕就是其舞容。与神事舞中的脚打拍子（「足拍子」）一样，可以认为这起源于神事性动作。

神灵神秘地突然隐身到不为人知的地方，“尋”就是去寻找神灵的身影。隱（隠，隐）十四下，是指神所隐匿之处；𨸏十四下是神灵陟降的神梯，这一点后文有述。②隱字的右旁是在“工”的上下都加上“手”，最下面再添上“心”。其初形可能是𢀛四下，《说文》言“所依据也。从𠬪、工。读与隐同”，会意的意味并不明确。𠬪四下是由上、下两只彐组合而成的字形，《说文》言“𠬪，物落，

---

①「東遊び」，类似雅乐国风的歌舞。“東”指东国，“遊”表示音乐。在古代日本的东国地区，作为一种民俗舞蹈，与风俗歌相合而表演。平安时代起，在宫廷、神社，贵族之间作为一种神事舞蹈而表演。

②“隱，蔽也。从𨸏，㥯声。”“𨸏，大陆山无石者。象形。”（《说文解字》页307、306）

上下相付也”。因此在段玉裁的注中解释道，之所以将𢀖和工相组合者，乃是巧妙地接住从上面落下之物的意思。但是不可能会为了这样一种特殊的动作而专门造一个字，𢀖应是隱（隐）匿的“隱”的初文。工是用于将物体堵住以隐藏之的咒具，所谓隐就是指将神灵隐藏、供奉起来，使之镇守在圣所中。匿十二下也是类似含义，即巫女藏匿在洞穴等处进行祈祷之意[①]。像这样，寻找隐匿起来的神灵的所在，便是寻字之义。工是用于这种神事的咒具，因此持着“工”的人被称作巫。《说文》中说巫是挥动两袖起舞、请神降临的人，这与左、右的字义很相合；只是古字形是持着“工”之形，意为请神降临之人。

关于左右，左、右所示的尊卑常被视作一个问题，在中国的文献中，元初周密的《齐东野语》（卷一〇）、清代赵翼的《陔余丛考》（卷二一）、钱大昕的《养新录》（卷一〇）等书中有详细的解说。在我国，也以诺、册二尊[②]的左旋、右旋为代表，有很多关于左右的讨论；从文字学上说，左、右是与神灵降临的神事性舞容有关的文字。将其用于“佐助”则是后起之义。

尹是持有神杖、侍奉神灵的人，巫是持有请神灵降临的咒具的巫祝。尹的始祖是传说中生于空桑的伊尹。巫的始祖也是被称作“巫咸”的神巫，作为司掌太阳出入的十巫之首，可以在神话中见到。《书·君奭》中可以看到古代圣职者伊尹、巫咸的名字，不过那是将神巫的传承做了政治形态上的改变，而伊尹也好，巫

① 匿，亡也。从匸，若声。（《说文解字》页268）

② 诺、册二尊指伊奘诺尊、伊奘册尊，即日本神话中的父神伊邪那岐命和其妹——日本神话的母神伊邪那美命。

咸也罢，本来都是神话中的圣者。

巫，《说文》以为是善舞的女巫，但一般是指群巫。巫咸是司掌太阳的神巫。在体现古代山岳信仰的《山海经》的《大荒西经》中，有这十巫的名字，书中说“大荒之中，有山名曰丰沮玉门。日月所入，有灵（巫）山。巫咸、巫即、巫肦、巫彭、巫姑、巫真、巫礼、巫抵、巫谢、巫罗十巫，从此升降。百药爰在”。《海外西经》中也有巫咸国的名字[①]，西汉《淮南子·墬形训》中也说，轩辕丘的北方有巫咸之地[②]，轩辕是神话中出现的神。秦《诅楚文》中有“丕显大神巫咸”之语，《楚辞·离骚》中有“巫咸将夕降兮”，歌唱巫咸从天上降下之事。《诅楚文》中的巫咸写作 ☩ 咸。工是其咒具，西王母头上所饰的戴胜（头饰）也是将“工”横置之形。卜辞中所出现的 ☩ 也可能就是巫。

> 癸亥，贞：今日，小禘（祭名）于 ☩，（用）豕（豚）一、犬一？　《京大》二二九八
>
> 禘东 ☩？　《粹编》一三一一
>
> 辛亥，禘北 ☩？　《邺中》三·四六·五

等卜辞，内容为向四方祭祀巫神。禘是祭祀始祖的祭仪，这里巫被奉为祖神。但是，从“其用 ☩ 求祖戊，若？”（《后编》上·五·二）的例子来看，巫也会被用作牺牲；该例中“用”指用人，亦即以

① 巫咸国在女丑北，右手操青蛇，左手操赤蛇，在登葆山，群巫所从上下也。（《山海经校注》，袁珂校注，北京联合出版公司，2014年，页200）

② 轩辕丘在西方；巫咸在其北方，立登保之山……（《淮南鸿烈集解》，刘文典撰，冯逸、乔华点校，中华书局，1989年，页149）

人为牺牲。

巫祝王

巫职掌神事的各个方面，大概凡是和神有关的行为全都由巫祝来司掌。从事于神事者多为女性，说起“巫”来大体上都指的是女巫，男巫则另外称作“覡（觋）五上”。《荀子·王制》中所言的“伛巫跛擊”[①]的“擊（击）”，就是覡。群巫之长就是尹保，是尹、君，有时还会由贵戚出身的人担任。被认为是《离骚》的作者的屈原就是楚国的王族，而《楚辞》是巫祝者的文学，屈原也被视为巫祝集团的统领之人。篇中以作者身份出现的灵均[②]，恐怕是其法号。

巫祝的祝（祝）一上，《说文》言“祭主。赞词者”[③]，其字“从示，从人、口”。段玉裁注说“（此以三字会意）谓以人口交神也”，不过ㅂ并非口，而是收纳祝词的容器。兄八下是兄弟中的年长者，《说文系传·通论》中认为是教诲弟弟之人[④]，不过在古时可能是指兄长中事于神事者。在山东的齐国，长女被称为巫儿，要让其献身于家祀，禁止嫁人。周公的长子是伯禽，而在金文中，大祝禽鼎即称伯禽为大祝禽。周公的后嗣，在令彝中称“周公子明保”。圣职

---

① “知其吉凶妖祥，伛巫、跛擊之事也”（《荀子集解》，王先谦撰，沈啸寰、王星贤点校，中华书局，1988年，页169）。

②《离骚》曰“名余曰正则兮，字余曰灵均”。王逸注曰：“灵，神也。均，调也。言正平可法则者，莫过于天；养物均调者，莫神于地。”（《楚辞补注》页4）

③ 此处亦断句成“祝，祭主赞词者”。（《说文解字》页2）

④《说文系传》（四库全书本）卷三十四曰：“兄者，况（况）也。能以言況其弟也。事有隐避不可正言则譬況之而已矣，故于文，口儿为兄。儿者，人在下者也。以口教其下也。下，弟也。”

者称保、君、祝等，从居于贵戚地位的人，到群巫之属，其构成人员纵贯了当时的社会阶层。

《周礼》中有“男巫”“女巫”之职。男巫在祭祀四方圣地时要呼唤神名，行束茅而招神之礼，春天时要除去疾病，冬天则举行“堂赠”之祭以消除灾厄。女巫在祓禳时行禊，旱时则舞雩以请雨，国有大灾时歌哭以祈求神灵消灾。遇到王室的葬事，男巫、女巫都要执桃茢等以祓除凶邪，这是其职责所在。所谓茢，是束起的芦苇叶，用以祓除邪气。①

舞雩是请雨的祭祀。卜文中，其字形为在雨下有人跳舞之形。后来作为一种季节性的仪式而举行，其地也叫作舞雩。《论语·先进》中，记载了曾子之父曾皙描述自己所期望实现的从容自适之乐——“莫（暮）春者，春服既成，冠者（成人）五六人，童子六七人，浴乎沂（河名），风乎舞雩，咏而归”，而获得了夫子赞叹的故事。浴于沂水以禊，并咏歌，这实在是与“歌垣”十分相近的习俗。可能是请雨的仪式后来变成了男女聚会的歌垣。据北魏郦道元《水经注》“泗水”条所述，沂水之北有雩门，据说有三丈高的雩坛一直存留到后世。

这种请雨仪礼，春秋时期被当作官方（「公」）的行事，鲁国的国史《春秋》中，桓公五年（公元前707年）记载，“秋，……大雩”，《春秋公羊传》注中说“使童男女各八人舞而呼雩，故谓之雩”。这时似乎要一边呼喊“吁嗟”或“于逝”等召唤之语，一

① 可参看《周礼正义》（〔清〕孙诒让撰，王文锦、陈玉霞点校，中华书局，1987年，页2072～2077）：男巫掌望祀望衍授号，旁招以茅。冬堂赠，无方无筭。春招弭，以除疾病。王吊，则与祝前。女巫掌岁时祓除、衅浴。旱暵，则舞雩。若王后吊，则与祝前。凡邦之大灾，歌哭而请。

边歌舞，这在《诗经·陈风·东门之枌》中有记载。西汉董仲舒《春秋繁露·求雨》中有“祝斋三日，服苍衣，……小童八人，……服青衣而舞之”，则是其古式。后来成了官方的仪礼，《后汉书·祭祀志中》记载了明帝永平二年（公元59年）郊祀五帝，歌青阳（春）、朱明（夏、秋）、玄冥（冬）之歌，立春之日“八佾舞云翘之舞”。这种八佾是以童男女十六人为舞人。同样，郡国祭祀也要用二佾（《祭祀志下》）。但是后来，八佾变成了七十二人大群舞的形式。晋张协《洛禊赋》中说“童冠八九”，可能也是因为当时这种舞蹈是以七十二人编成。《论语》中是把“五六”“六七”用作乘数而相乘了。

请雨的古仪，本来并非《论语》中所描述的那样从容优雅的集会，有时会采取焚巫这样酷烈的方法，为了挽救干旱而以巫为牺牲。干旱之意的旱七上是后来造的形声字，本来是写作堇。

戊申卜，伞贞：帝其降我堇？　《丙编》六三

甲辰卜，永贞：西土其有降堇？　《续存》二·一五五

这些是占卜旱灾之辞。堇字是巫祝头上顶着𠙵，即祝告之器，手被缚于前，遭到焚杀的形象。由于大旱而过分干燥的状态叫熯十上、暵七上。飢饉（饥馑）、艱難（艰难）等含有堇、堇之形的字形，都有承袭其声义之处。巫的哀叹叫歎（叹）。焚巫也叫作烄十上。烄，《说文》言“交木然也”，“交声”，不过该字并未见于文献中。与堇字是双手交叉之象相对，烄字可以看作两足交叉的交胫之巫被焚烧之形。卜辞中说“贞：烄，有从雨？”（《前编》五·三三·二），

也是指焚巫之事。

焚巫之事也记载于文献中，《左传》僖公二十一年就记载了鲁国有大旱，为了请雨而要焚烧巫尪，但由于臧文仲的反对而作罢之事。所谓尪，是指伛巫。当时，这种残虐的祭献牺牲的方法应该是引起了有识之士的批判。但是即便到了战国时期，这种习俗仍然存在。《礼记·檀弓下》中记载了鲁穆公遇到干旱，想要焚烧巫尪，但是最后听取了县子的反对意见之事。像这样的焚巫之俗，通过卜辞可知是殷以来之物，《春秋繁露·求雨》仍然记载有这一遗俗。到了东汉，还有人想要实施这一习俗，谅辅（《后汉书·独行列传》）为了拯救大旱，在庭上“积薪柴，聚茭茅，以自环”，到日中之时若是不下雨，就打算焚身以祈雨。这是要在他的时代实施古时汤祈雨于桑林的故事；焚巫之俗，原本是规定由巫祝王自己来献身的，起初王就是巫祝王。

旱魃之神叫女魃。《山海经·大荒北经》说，大荒之中，有係（系）昆之山，山中有共工之台，彼处有青衣之神，乃黄帝之女（按，“名曰黄帝女魃”）。蚩尤作乱，风伯、雨师相从来进攻，于是黄帝派女魃降临地上（按，“黄帝乃下天女曰魃”），平息叛乱。事后女魃失去了上天之道，因此其所在之处便会发生旱灾。魃也作妭，是秃发的女神。女魃所主的共工之台在《海外北经》中有记载，位于昆仑之北，昔日治水失败而被杀的共工之臣、九首人面蛇身的相柳也住在那里。台的四隅有虎文之蛇，其首朝向南方。此共工之台恐怕是和金字形神塔（Ziggurat）相近的神殿形式的建筑。治水失败的神和旱魃之神即女魃同住在那儿。

殷的始祖汤王，遇到持续数年的大旱，于是以己身为牺牲在桑林之社祈雨，该传说在《荀子·大略》《尸子》《吕氏春秋》等先秦之书，以及《淮南子》《说苑》《论衡》等两汉之书中均有记载。《吕氏春秋·季秋纪·顺民》中说："天大旱，五年不收，汤乃以身祷于桑林，曰：'余一人有罪，无及万夫。万夫有罪，在余一人。无以一人之不敏，使上帝鬼神伤民之命。'于是翦其发，鄌其手，以身为牺牲，用祈福于上帝。民乃甚说，雨乃大至。"[①]《文选·思玄赋》李善注中所引的《淮南子》之文，与今本有所不同，记述王自为牺牲而焚身之事时，写道："乃使人积薪，剪发及爪，自洁，居柴上，将自焚以祭天。火将然（燃），即降大雨。"[②]《尸子》(《太平御览》卷三五所引）中也有"汤之救旱也，乘素车白马，著布衣，身婴白茅为牲，祷于桑林之野"之语，这与死丧、降服的仪礼是相同的形式。在希腊也有剪掉头发而在河中祈祷的。据弗雷泽的《金枝》(第二十一章)、威廉·罗伯逊·史密斯的《闪族的宗教》(第九讲)，这种仪式在其他地域也被广泛地举行。须佐之男命被神从高天原逐出时，《古事记》中说他的胡须和指甲被拔掉，《日本书纪》中则说是他的头发和指甲。这是以身体的一部分作为牺牲之意。古人应是都有长须九上、长发九上的。"髪"（发）字在容庚氏的《金文编》中有收录，该字可能是祓的异文。因为人首、犬牲即伏瘗（ふくえい）[③]，也是将之埋葬以行祓除的方法。

汤之所以以自身为牺牲来祈雨，是因为王本来就是巫祝王，作为巫祝之长要负责神事。这一传统还反映在殷的末裔宋景公身

① 《吕氏春秋集释》，许维遹撰，梁运华整理，中华书局，2009年，页200、201。
② 《文选》(第二册)，〔梁〕萧统撰，〔唐〕李善注，上海古籍出版社，1986年，页665。
③ 将人或犬等埋葬以祓除巫蛊。

上，他也有同样的故事流传下来（《庄子》佚文，见引于《艺文类聚》卷六六）。上文所述的后汉的谅辅等人也是要代替太守而以自身为牺牲。王身负自然的调和者的职责，如果失职就要被杀掉，这是王的宿命。弗雷泽在《金枝》中，详细论述了从野蛮到文明的所有阶段中都具有这种传统。关于这一点，中国也有很多例子，郑振铎的《汤祷篇》中列举了从上古到元、明的事例。“杀王”（「殺される王」）的传统直到相当近的时代仍有残留。

至于王拥有极大的权威，恐怕就是古代王朝成立以后的事了。王一上，《说文》言“天下所归往也”，并解释了它的音、义，关于其字形则引用了董仲舒之说，即“古之造文者，三画而连其中谓之王。三者，天、地、人也，而参通之者王也”，又进一步举出孔子之语，即“一贯三为王”。所谓贯通天、地、人三才者，就是自然与人文的调和者之意。这被认为是巫祝王本来的特性。

但是卜文、金文中王的字形，并不是以一竖贯穿等间隔的三横之形，有时缺少上面一画，有时上面两画相接，有时则是下面一画写作左右两边大幅向上翻转之形。这无疑是以大钺的刃部为其下部之形。钺的初文是戉十二下，戊十四下也与其字形相近。对《说文》之解有疑问的人，要么是把“王”当成“一”和“土”的会意字，从而认为王是地上的统一者，要么认为它和君坐着之形相似，或认为是王冠之形，还有像郭沫若氏则将其解释为“士、且、王、土，同系牡器之象形”（《释祖妣》）。富于理性主义精神的宋代郑樵的《六书略》中，根据其时代精神而认为该字是草木生长之象，“象物出地而盛也”，以自然的生成力的旺盛来解释“王”的形义。另外依据近代的科学知识，清末吴大澂（《字说》）认为，王字的下部是火之象，“地中有火，其气盛也。火盛曰王，德盛亦曰王”，即把王字看作地中火之象，其字形表示的是喷火现象。对于这个简单的字形，还有很多其他说法，可见象形字的解释也并非易事。

王的称号是从什么时候开始使用的，并不明确。殷的先王有王亥、王亘兄弟神，还有“獨り神”[①]，恐怕是谥号。王号可以认为是始于人王之世。“士”或“父”都是以斧钺来展示其权威的字。姑且可以认为是家父长制构成了王朝的根基。从殷墟遗址出土了众多具有美丽的雕饰的铜钺这种仪器。从克里特岛的宫殿遗址中也发现了在玉座有钺头这种仪器。钺恐怕是象征着统治权、征伐权之物。卜文中含有“王”形的文字中，有举着钺出行的字形，等等。殷周革命之时，武王持黄钺、玄钺而斩杀纣王及其诸侯，这在《逸周书》的《克殷解》《世俘解》等当中都有记载。

作为仪器的钺，在其上部嵌入玉石来加以装饰。皇—上恐怕是言其美的文字。《说文》中训为“大也”，认为其字形“从自。自，始也”。关于人王之始，一般认为中国古代是从三皇、五帝之世开始，然后进入了人王之世。所谓三皇，是指燧人、伏羲、神农，也有伏羲、女娲、神农之说，总之都属于神话时代。关于皇的字形，还有火照耀土地之形；就如王字是“地中火”之象一样，皇是太阳升起时的样子；还有王冠之形、戴着王冠而坐之形等诸多说法，不过“王”的上部是玉饰、玉光之象则是明白无误的。如果说“皇”是源出于“王”的字形，那么认为在王的时代之前还有皇帝的时代的古代史观，从文字学上就被否定了。

---

① 即独神。在日本神话中，与夫妻一对的神相对，单独一位的神叫独神。

王曾经是巫祝王、祭祀王。对卜兆加以占断，定其吉凶之人便是王。主宰祭祀，敬献诸多牺牲之人也是王。王做这些事情来侍奉的神，便是帝—上。这位绝对的主宰之神又叫上帝，如卜辞中所说，“上帝降蓂”。人们认为，王朝的先王们死后会被召去跟随在上帝的左右，金文中有“先王其嚴（严）在帝左右”（按，㝬狄钟）、“十又二公，在帝不〔之〕矿”（按，秦公簋）之语。祖先神被叫作下帝，合而称为上下帝。上帝不仅掌管自然世界，对地上的一切事务也拥有完全的支配权。为了行使这种支配权，需要使役百神。西周中期的宗周钟上有“皇上帝百神”之语。天上的世界也存在着俨然的秩序。

帝，《说文》言“谛也”，认为是审谛之意（按，《毛传》云“审谛如帝”），其字“从丄（上），朿声”，不过因其读音并不相同，所以也有人认为是会意字。宋代郑樵将字形解作花蒂部分的象形（按，见《通志略·六书略》），认为将其用于帝字乃是假借。清代吴大澂也持花蒂说，“即草木之所由生，枝叶之所由发，生物之始，与天合德，故帝足以配天”（按，见《字说·帝字说》），认为其是自然的生成力的象征。此说得到了王国维和郭沫若等杰出研究者的支持。郭氏（《释祖妣》）认为这是古代生殖崇拜的一个例子。不过郭氏后来改变了观点，他赞成英国人波尔（Charles James Ball）的学说——波尔认为这是由初期楔形文字*、✳转化而来的，郭氏主张十二支的文字起源也是来自巴比伦尼亚（《天的思想》，收录于《东洋思潮》第8回）。[1] ✳字是星或者天神之意，

---

① Charles James Ball.*Chinese and Sumerian* (London: Oxford University Press, 1913).可参看《郭沫若全集·考古编第一卷·甲骨文字研究·释祖妣》，科学出版社，1982年，页54、55。

读音是tak，但是这般重要的构成古代宗教观念中心的语言或文字，一般来说很难认为其是被孤立地引入的。从象形文字的形成来看，其形义中多少有一些偶合性——如此预想是理所当然的，但很难据此认为两者是有关系的。

帝的卜文是巨大的神桌之形，与示一上相似；之所以要在其下部加上倾斜的支木，可能是为了与表示小神桌的“示”字相对，表现出大神桌之意。在卜文中，还有将帝的字形放在道路上，上面加有米谷，并以双手捧举之形。这表示的是随着祭仪的展开而相应地移动。也就是说与＊相比，二者的形象的含意完全不同。

祭祀帝叫作禘一上。《说文》言“禘，禘祭也”，认为与帝一样，都是审谛之意，但在卜辞中则被用作祭祀天神或者直系的先王之义。也就是说其是帝的动词化了的字，卜文中该字是用在桌下的交叉部分添加了▭来表示，金文的字形则是在帝的字形之下加了ㅂ，意思是奏上祝词而祭祀。该字形写成楷书体就是啇，是嫡十二下的初文，意思是帝的直系者。也就是说，能够向帝举行禘祀，是其直系的嫡子的特权。王被称为天子便是此意。王可以说是道成肉身(「受肉せる」)的人间神。王在宗教上还有政治上的权威，皆是以其与帝的这种关系而得以成立。从帝的字形派生出了禘、啇、嫡、敵（敌）、適（适）等诸多文字，这说明了帝并不是被孤立地引入的文字。能成为造字的基本的形体，必定是该文字体系中固有之物。

打算在桑林焚烧自己的巫祝王汤的传说，显示了一定时期内王的存在形态。这一传统在王逐渐地拥有强大的权力以后，依然课之以身为自然秩序的调和者的职责，不过不再焚烧王，而代之以焚烧群巫。尔后王号称帝的嫡子，独占了对于帝的祭祀权。王的字形中所示的玉钺便是其象征。神依附于神杖，王则以其仪器——钺头来作为权威的象征。这些如实地体现在了古代的字形当中。

祝告和咒诅

在古人的前逻辑性的心性（「前論理的な心性」）当中，表象易于和实体趋于同一，由此产生了祝告和咒[①]术。祝是祈祷，祝告是向神灵做出的行为。咒是诅咒，咒术是希望实现对咒术施加对象的欲求的方法。二者的表象都没有偏离其实体，即都是基于融即原理的行为。

祝和呪（咒）都是从兄之字。兄八下，《说文》言“长也”，认为是以口来训导众弟。不过该字是人头顶㇙之形，意思是祝告之人。因此“兄”的前面有表示祭坛之形的“示”就叫“祝”。日语的“祝ふ”原本是“齋(いは)ふ”（按，即“斋”），是心地清净而祈祷之意。

> 院中插小柴，致祭足羽神；洁身等待，直至人归来。
>
> 《万叶集》二十·四三五〇
>
> （庭なかのあすはの神に木柴さし吾はいははむ歸り來までに）

这是有人远行时，在家之人祈祷其安全的歌。木柴原本就是神灵

① 日文中皆写作「呪」之形，“呪”是今天我国的简体汉字“咒”的异体字；在本书中，除了探讨呪字的形音义之处以外，均写作咒。

所依附之物。还有这样的歌：

树如葛无果，当有神附；树树无实，都缘神故。

《万叶集》二·一〇一

（玉かづら實ならぬ木にはちはやぶる神ぞ著くとふ成らぬ木ごとに）

呪字并不见于《说文》之中。也写作咒、祝。与兄的1个ㅂ相对，咒是加有2个ㅂ的字形；祝告之器，像嚴（厳，严）有2个，靈（霊，灵）有3个，器、嚣有4个，这些都有多个器物。祝除了祝福，还有祝祷之义，其读音与呪相近。

向神禀报的时候，祝词是要悬挂在榊等之上的。在没有文字的我国的上古时期，如《万叶集》所说，

深山杨桐枝，洁白木绵置。 《万叶集》三·三七九

（奥山のさか木の枝に白香つく木綿とりつけて）

是要安放麻和木棉以及其他咒物的，不过不像在中国是将祝词收进ㅂ中，我国是将其挂到树枝上。这是向神禀报之意。

关于告（吿）二上，过去有着奇怪的解释。《说文》中没有训义，而对于其字形则言“牛触人，角箸横木（按，在牛角上绑横木），所以告人也”①，因此是以此字为牛和口的会意字；《说文》最

① 见《说文解字》页24。

忠实的注释者段玉裁看来也对此非常困惑，他认为《说文》是根据《易·大畜卦》六四爻“僮牛（仔牛）之告（梏）”而解析的，该字是以牛为声符的形声字。这些说法都非常牵强无理。因此又有诸多论说：以一头牛向神告祀之意、牛的叫声、梏的初文，还有人认为该字原本的字形从“之”而非“牛”，因而是前去禀告之意，等等。但是，通过卜文、金文中的“告”的字形，我们可以知道，字形上部的确是树枝，与“牧”字形中的“牛”是不同的；牛下面的一画被平直地书写，是到了金文中才始得见的。在树枝上悬挂物体之形，像鼓、南、磬等，都写作该形状，这些字都是悬系乐器之形，而告则是悬挂着ㅂ，即收放祝词的器皿。这和把东西挂到榊上是相同的。

在卜辞中，对祖灵进行重大的祈祷之时，要用“告”。在叫作土方的强大外族侵犯之际，占卜道，“贞：告土方于上甲（先王之名）？”（《粹编》一一〇七）；王有疾时，占卜说，“贞：有疾，告羌甲（先王之名）？”（《外编》一五）。关于自然神，也有“告河，若？”（《铁》六·二）、“贞：方告（祭名）于东西？”（《缀合》二一）这样的占卜。告祭的内容有外寇、战争、丰凶、天象、疾病，等等，大概都与王朝的大事相关，其事例见于多达数百版的甲骨。这些告祭的祭仪形式，从告的字形来考察，可以认为是将祝告之辞悬挂于树枝而奏闻于神的。

“告”是将ㅂ系在树枝上，而将其置于树的上方而祈祷则叫“某六上”。甘的古字形写作“曰”，曰五上是ㅂ之中有祝词之形。《说文》认为某是梅的古文之形，解作“酸果也”，不过甘木为什么会成为酸果则不详，关于其义《说文》则说“阙”。所谓“阙”，是指“阙疑”,就是保留说明解释。段注中有“甘者酸之母”等说法，实为穷说。另外《说文》中还举了“梅”的古文“槑”字，认为ㅂ是果实未熟之象，等等，不过在古代文献中并没有看到将“槑”用作“梅”字的例子。

“某”是“谋三上”的初文。《说文》中以“谋”为形声字是因为不知道“某”的原义,“谋”是继承了“某”的声义的亦声之字。周初之器禽簋的铭文中说“王伐禁侯,周公某禽祝”。周公是明保，其长子伯禽为大祝，共同司掌周王室的神事。“某”是谋于神，即将祝告挂在神杆的木上而奏与神灵，等候神灵的启示之意。谋是谋求神的旨意,《诗·周颂·访落》序中所言的“(嗣王)谋于庙也”便是用其原义。像谋略这般玩弄人智者,可以说是冒渎神灵的行为。禖一上也是祈祷生子，媒十二下是指那祈祷的媒介者。

将众多收纳祝告的ㅂ挂于树上是喿二下字，另外，将多个ㅂ悬挂于树间则是咢二上字,该字应被视为噩(咢)二上的初文。《说文》在品部二下中举出了喦和喿两个字，训喦为“多言也”，认为是与聶(聂)、囁(嗫)音义相近的字。六朝梁顾野王所编《玉篇》引用了《说文》，作“争言也”。另，喿字,《说文》言“鸟群鸣也”，不过该字的要素与喦相同，可能原本是同一个字。俗说认为，两字同为噪杂之意，噪、譟是其繁文，而将喿解作鸟鸣等。

咢字是把多个ㅂ挂于树间，与噩相近。卜辞中卜问“咢众？”的例子众多，这与“雉众？”的说法相同，都是占卜在战争等之际是否会损失徒众。

祝告的对象是神，而咒诅则是通过灵魂(「精霊」)施行的，有特定的施咒方法。咒诅要使用很多咒物，但是在依靠言灵的咒诅中，应是以言灵来守护所施的咒诅的。言灵的咒能以文辞的形式被收藏进祝告之器中，以此而持续地发挥效力。而且这一切必须秘密地进行，禁忌向外泄露，《万叶集》的恋爱歌中也有很多是这样唱的：

> 一路畏惧，缄口无言；献币越路神，始把妹名唤。　十五·三七三〇
>
> （畏みと告らずありしをみ越路の峠に立ちて妹が名告りつ）

所有的心中祈愿都不能让人知道。

向神祈祷的祝告，当然也要严格、庄重地封缄。封缄要选用最神圣的方法。比如吉二上，是在ㅂ上放置士，也就是钺之形。《说文》言“善也”，该字由士和口会意，是士者之言无不吉善之意。但是在卜文的字形中，ㅂ之上者是⇧。郭沫若在《释祖妣》中以之为牡器的象形，但这并不能解释其金文的字形。讲牝牡之象时，他举出了牛的字形的用例。其他还有ㅂ是土穴，⇧是图腾或者是碑碣之形等诸多说法，不过都只是臆说而已。在ㅂ的上面放置器物的造字法，产生了一个系列的文字。研究古代文字，有必要深入了解这种成系列的文字形象。

吉是在祝词之器ㅂ之上放置钺形的器物，表示守护收藏祝词的器物之意。具有威灵的兵器同时也是咒器，可以被除邪恶，保障祝祷的实现。作为施行咒禁所用之器，有时也会使用其他咒器。比如古三上，就可以认为其字形是在上面放置了干形的器物。《说文》

言“故也。从十、口。识前言者也”，认为是将古言传下来的意思，但其上部本来并不是“十”。就像吉是封缄、填塞（「詰める」）之意一样，古是紧闭之意，由此而得以维持咒能。另外，再加上一个口就成了固，是固闭之意；古、固本来就是同一个字，像员和圆、或和國（国）、專（专）和團（团）、韦和围的关系一样。等到古专用于古昔、古往之义以后，固就分化出来了。

古是将祝祷牢牢地封起以守护其咒能，与此相对，为使其失去咒能而对其进行击打则叫作故三下。这是故意破坏咒能的行为，叫作“事故”。金文里，像大盂鼎的“古天翼临子”中，古用作故之意，不过像小盂鼎的铭文“即嚚（酋）邋厥故”，则将故用作询问敌酋叛乱的事由之意。固之所以有“固然，不需言”（もとより）的意思，是因为那些被坚定地维持而业已成为典故、典则者，应当无条件地得到承认。固守、固陋的意思也都是从其中演绎出来的。祜一上指神所赐予的福分。这些字都继承了古的声义。

吾二上的字形是在ㅂ上面放置“五”之形的器物。《说文》言“我，自称也”，将其解释为第一人称代词；不过代词中原本并没有该字，而全部都是假借、转用之字。其字虽然被认为是五的形声，不过也有的字形是两个“五”上下相叠之形，并不是形声字。五十四下一般被用作数字的五，不过其原本是×形的器物之形。在卜辞中，作为记录龟卜的卜数的数字，就是用×。关于吾，在毛公鼎中有“以乃族干吾王身”，干吾就是后来的扞敔，是防守、保护之意。如果“古”的上部是“干”之形，那么古、吾应当原本都是表示扞敔之意的用语，置于ㅂ上的部分都是用以守护祝告的咒具。語（语）三上字也从吾，而所谓言语者，可以说言是攻击性的，与之相对，语则是防御性的话语；两者都是与言灵的咒能有关的用语。

吾字上面所放置的到底是什么器物并不明确，不过咸二上和“吉”一样，是以兵器来守护ㅂ的字，即把戌（钺）加在ㅂ上之形。就像吉是诘（按，填满、塞满）之意一样，咸是咸终（按，尽皆完毕）之意，因此指的是咒祝之事完了，故在金文中，表示仪礼完毕的时候就用“咸”。諴三上的金文，有在ㅂ之上加咒丝的字形。合五下是在ㅂ上加盖子的意思。在合字两旁加上人则是卿；在西周的金文中，会同、会射之时会用此卿。外出会面叫迨二下。會（会）五下，《说文》训为“合也”，另外还说“(从曾省。) 曾，益也”。曾二上是蒸具甑的初文。甑这种蒸食用的炊器，分为上下二器来使用，而會则是给其加上盖子之形。将该字用于會合之意则是其转义。

之所以要给祝告加上咒器而守护之，可能是因为如果祝告有害，那么危害就会施加于人们。害（害，害）七下是具有大针的锥状器物，是表示刺割之意的字。割（割，割）四下字又给“害”加上“刀”，二字声义相近。对于害的字形，《说文解字》解释作“伤也。从宀从口。宀、口，言从家起也”，也就是指家中的口角；丯是其声符，但并不是孤立的字形。ㅂ的上部是一个有把手的大锥之形。毛公鼎中有“邦将害吉”之语，“吉”之语是守护祝告的意思，与之相对，破坏祝告叫作“害”。

舍（舍）五下的构造也与害相似，有舍弃（「捨てる」）、放过（「舍す」）等意。《说文》认为亼表示集合、屮表示房屋之形、口表示建筑之形，这些组合起来即是聚集人群的市场这一建筑物，可能因此就解作宿舍（按,宿处）之意了。[①]但是字的上部与害相似,余部是大针。将之加在祝告上从而使其咒能无效，也就是说捨是字的原义。另外，打开祝告也叫“舍”。周初的令彝上的铭文记载了周公之子明公在成周（今洛阳）举行施政仪式，将政令的发布称为“舍命”[②]。西周后期的小克鼎铭文中也有“舍命于成周”之语。春秋时期“舍”已经用于宿舍之意,楚国的令尹（丞相）舍字子发,齐国的庆舍字子之。发字是出发之意，之字是前往之意，与宿舍的舍相对，名和字之义对立。

話（话）字并非从舌,其右旁的初形是昏二上。《说文》言“昏,塞口也”，认为氒十二下即厥的形声字（按，氒，“读若厥”）。段玉裁引用了《易·坤卦》中的“括囊（上下捆扎起的袋子）”之文,认为昏是括的初文,但昏更像是刮的初文,指的是持“厥”——“剞劂”（削东西所用的细身的曲刀）——而打开祝告之器ㅂ。不是像舍和害那样的刺穿之意，而是去掉盖子之形。刮、括、话中的舌,并非口舌之舌，而是昏的楷书形。話三上,《说文》言“合会善言也”,“昏声”。话和会虽是同韵之字，不过话字从其读音来看，则与六朝初期的古字书《声类》中释为“譌（讹）言也”的譌字相近,还有《广雅·释诂四》说“吪”[③]、汉扬雄《方言》认为在楚方言中是“狡獪（狯）”的意思,可见该字绝不是善言。《诗·大雅·板》说“出话不然”，另《诗·大雅·抑》说“慎尔出话”，也都是具有恶意的批判之意。昏是破坏祝告之器，使其祝祷无效之意，所以

① 舍，市居曰舍。从亼，屮象屋也，口象筑也。(《说文解字》页103)
② 即“舍令”，铭文曰“舍三事令”“舍四方令”。
③ “诵、辞、语、议、话、诂、吪、曰，言也。”

含有该字的话皆非善言。语和话二字，在日语中分别读作“かたる”（「語る」。按，讲述之意）、“はなす”（「話す」），即便在日语中两者也有关联之处。

“かたる”是指赋予外形，指构成。通过“语（「語る」）”而使内在的东西外在化，将其放出来。在日语中，通过讲述而将思想感情表示出来，叫作“語り放く”。“心には思ふものから 語り放け見放くる人眼 ともしみと思ひし繁し”（《万叶集》十九·四一五四。按，“同心思难忘，谈心知己少，相思心繁忙”[①]），再比如《续日本纪》（卷三一《光仁天皇纪》）中吊唁藤原永手的诏旨中的“恨めしかも、悲しかも、朕が大臣、誰にかもあが語らひ放けむ、孰にかもあが問ひ放けむ”（按，“恨兮悲兮，朕大臣谁与放语，孰与问放”）之语，就是通过讲述而排遣忧愁之意。“话（「話す」）”之语恐怕也和“放（「放つ」）”有关系。“语”和“话”都是包含着言灵观念的用语。

隐秘的祈祷

记载祈祷之辞的文书收进ㅂ中，其字形是曰五上；在曰字的某一些字形中，上部的盖子是半开的。“曰（「曰く」）”者，即打开其盖子，宣读祈祷之辞，从发音上来看，和阅字应该有一定的关系。《说文》认为ㅂ中之形是“乙”，是声符，但在卜文、金文中并没

① 此处参酌日文而引用了杨烈译文，详见《万叶集》，杨烈译，湖南人民出版社，1984年，页747。

有从乙的字形。《说文》认为这个乙是“象口气出也”[①],不过保存于日本的六朝时期皇侃的《论语义疏》中所引用的《说文》中有“开口吐舌，谓之为曰”之语，认为是吐舌之形。但是关于吐舌之形，卜文中有被视为舌的字，见于占卜舌之疾病的卜辞。由于曰是祝告之器中的东西，因此就成了向神申诉之语，或者是神的宣示之语。

曰是收纳祝告之书的器物，在其上加上一只手来打开器物就叫曶五上；在金文中写作𠯈之形。《说文》云“曶，出气词也。从曰，象气出形”,与“曰”字的解说相同,但是曰的上部确实是手无疑。《左传》中郑国大子忽又记作曶，还有其他曶与忽通用的例子。曶可能也有忽，即急遽之意。该字可能是突然强行将祝告之器打开之意。

卜文中的曹，可能与《说文》中的曹（朁）五上相同。卜辞中有这样的文例：

> 癸亥卜，㱿贞：尞黄尹一豕、一羊，卯三牛，曹五十牛？ 《乙编》六一一一
>
> 贞：曹千牛？ 《乙编》五三九三

在上文的祭仪中，用作牺牲的牛羊之数和作曹（按，洗净了的）处理的牺牲之数相差非常大，曹可以说是一种供牲的准备仪礼，即事先向神禀告准备用作牺牲之物,将其清洁干净之意。册(冊)二下,《说文》言“符命也”，认为是书册的形象，不过根据其在卜文、金文

① 曰，词也。从口，乙声。亦象口气出也。(《说文解字》页95）

中的字形。冊本来是栅（柵）之形，它的一些图象文字所描绘的是左右开着口的栅栏的中间有作为牺牲的动物之形。另外《说文》中举出曹五上字，认为是“告也”，冊亦声，不过这恐怕说的是卜文的曹。所谓曹告，是指向神禀告供奉的牺牲的数量，这一形式后来就成了祝词和冊命。冊命就是以后的策命，而曹本来就与牺牲的修祓有关。鲁（魯）四上，《说文》言“钝词也”，但是从字形来看，可以认为是向神荐鱼的仪礼。虽然这一古仪并不广为人知，不过在《诗经》中将鱼用于庙祭的例子很多，即便是在我国，《祝词》中也说献上“鳍广物、鳍狭物”，还有向神供奉螣鱼（オコゼ）这种广泛流行的民俗。

从曰的字，有很多与祝祷或咒诅有关。曷五上是由曰和匃组成的字。《说文》训为“何也”，以该字为匃[①]声。匃十二下是亡和人的会意字，卜辞中有“亡匃？”的例子，恐怕该字是指死灵作祟，而匃之所以有匃求之义，恐怕是祈求借助死灵之力来实现所希求者之意。曷是匃加上曰的字形，指咒禁。《尔雅·释诂下》说“曷……止也”，《诗·商颂·长发》亦歌“莫我敢曷”，即是遏的意思。喝是那祈求之声，是稍有一些畏迫性的方法；可以说这是与咒诅相近的方法。

与此相对，䆬三下（友的古文）是指较为宥（ゆう）和（按，姑息、绥靖之意）的方法。䆬在金文中用作倗䆬（ほうゆう），即朋友之意。朋是一连串的贝壳。所谓倗䆬是指同族者之语，而将䆬用作“友”是假借的用法。䆬本来是表示“宥”的字，是抚慰、缓解之意。在曰上面加两只手，表示对于器物中的祝告、咒诅，通过抚摩器

① 匃亦作“匄”，见《说文解字》页268。

物而缓和其威灵的行为。这从“習”的字形中也可以知悉。

習（習，习）四上，《说文》释为“数飞也”，是鸟学习飞翔之意，因此字形也解为“从羽从白”，还有“鸟飞翔时其白羽可见之意”“表示鸟飞翔时有白色的气息（「白い息づかい」）”等说法，不过都是俗解而已。将该字的上下部分交换便是𦐇四上字，“習”本来也是在“曰”上加羽的字形。也就是说，该字为在曰之上放置羽，即通过用羽来摩挲，而促进其咒能之意。这种行为叫摺（摺）十二上。反复这般抚摩，可以提高咒能，因此而成了积习之意。“習ふ”就是反复做，而变得习惯、熟练，因此成了习惯之义。但是这种行为过于频繁则会冒渎了神，这样的行为叫作“翫”“玩”。翫四上，《说文》云“習猒也”，是玩弄之意。玩一上也有“習ふ”之训（按，《说文》曰，“玩，弄也”）。“玩弄”是以玉来镇魂（「魂振り」），使魂镇定的行为，而習、翫恐怕则是使用羽毛，即诉诸羽毛的咒能的行为。

羽（羽）四上是圣器及武器的咒饰，有时也用于乐舞中。《周礼》秋官中有“翨氏”一职，其职责为将猛鸟的羽毛收藏在王室中。翟（雉）四上及翡翠（ひすい）等应该是受到人们格外喜欢之物。这恐怕也和古代的“鸟形灵”的观念有关。《礼记·乐记》中所说的“羽为物”即是此意，所谓物，即是氏族的标识。翏四上这个字也可以视为羽舞之姿。

将習的上下部交换后是𦐇字，《说文》中解释为“𦐇，飞盛貌”，从羽和冃。冃七下，《说文》言“小儿、蛮夷头衣也”，不应将𦐇字视为冃跟羽组合成的会意字。另外，从𦐇的字有搨、蹋等，都是踏破之意，可以认为𦐇也有这一意思。恐怕该字是“習”的倒文，是指将祝告倒覆、蹂躏，使其咒能丧失。

与此形象相似的字有沓五上。《说文》云“沓，语多沓沓也”，可能认为是像水流不绝一样能说之意，这是誻三上之义[①]，《荀子·正名篇》中说“愚者之言……誻誻然而沸”。正如《玉篇·言部》中以誻为“妄语也”，沓有杂乱不正的意思。将水倒在献于神的祝告上，这种冒渎的行为叫沓。《诗·小雅·十月之交》说“无罚[②]无辜，谗口嚣嚣。下民之孽，匪降自天。噂沓背憎，职竞（一味地，一心地）由人”，这里的“噂沓”，也见于《后汉纪·章帝纪下》的“流言噂喈，深可叹息”之句中，指谗口流言。大概相当于我国的“およづれ”（按，妖言）、“たはごと”（按，呓言）等语。记载春秋时期言论（「語部」）故事的《国语》中的《郑语》有“其民沓贪而忍”之说，韦昭注以沓为“黩也”。“たはごと”是亵渎神威之意，而沓原本是给祝告注水、破坏其咒能的行为。

通过祝告而施加咒诅的字有朁五上。《说文》云，“朁，曾也”，认为是兓声之字，并引用《诗·大雅·民劳》中“朁不畏明”这一语词的用法来加以解释。现在的教科书中，朁字写作憯，朁、憯、僭、谮这些字都属一系。兓是簪的初文，是两支簪并列之形的字。将兓放在象祝告之形的“曰”上，大概可以认为是一种咒诅的方法。簪被认为具有咒器之意，祓除邪灵时也会使用簪。伊邪那岐命来到黄泉国却畏惧其污秽而逃回来的时候，对紧追不放的黄泉丑女“拔出其右侧御鬘上的汤津津间栉，折下栉齿而投弃”。这就是所谓的“投栉”习俗，是断绝关系之意。《江家次第》的“斋王群行”条中，赐予离别的栉笞也被视为投栉习俗背景下的仪礼。栉在斋戒时是一

① 誻，譅誻也。从言，沓声。（《说文解字》页49）
② “罚”字，一般作“罪”字。

禁忌。

发不加栉，屋不扫尘；念君在羁旅，斋祝求神心。

《万叶集》十九·四二六三

（梳も見じ屋ぬちも掃かじ草枕旅ゆく君を齋ふと思ひて）

这种禁忌乃是为了在外旅行之人。认为栉具有咒能的观念极为普遍，即使中国古代有忌栉之俗也毫不出奇。举行仪礼之际，男女都要用上许多簪笄。遵从神事叫斋。齋（斎，斋）一上，《说文》释为“戒洁也”，但其是戴有簪饰的妇人祭祀之姿。另外服丧期间规定不能梳头发。以咒为目的而将簪加在“曰”的上面就是朁，是谮的初文。这是咒诅的方法。

咒诅应当以不为他人知晓的方法施行。施加咒禁的时候，有必要将祝告隐秘地放置。比如在其上放上遮蔽物等，使之不容易被人发现。表示这一方法的字是者（者）四上。《说文》云“者，别事词也”，一般解作与日语的“は”（按，提示助词）相当之语，但是从堵、都等从者之字来考虑，其实它是遮蔽、杜塞之意。堵十三下指的是围在建筑物或圣域周边的泥墙（「築地」）或土壁。方丈叫堵，方丈之室叫环堵。者字又与杜字相通，楚国的者敖[①]（人名）也记作杜敖。杜在我国读作“もり”（按，mori），《新撰字镜》中训为“毛利”“佐加木”，认为是“堵。闭塞”；又将“遮闌（阑）”（しゃらん）训为“佐不”（さふ）。古时将神所住之处称为“もり”，

① 或为堵敖（见《春秋左传注》，杨伯峻编著，中华书局，1990年，页198；《楚辞补注》页118），即楚国的庄敖。

《万叶集》中也有这样的歌：

> 木綿懸けて齋むこの神社も越えぬべく思ほゆるかも戀のしげきに　七·一三七八
>
> （悬木绵斋祭；倒是恋心激，有意，越过神社去。）

可见社也是与“者”有关之语。社指的是以竹笼（いかき）、神篱（ひもろぎ）[①]而与外部隔绝的茂林遮蔽之处。在这一圣域的垣墙下，将作为咒禁的祝告之器秘密地藏起，就是者。另外，将咒禁用文字写下来叫書（书）。書三下，《说文》中用同韵的字来训其义，说“箸也”，认为是者声的字，不过由于在者上加上聿（筆）三下就是書，所以倒不如说者是書的初文更合适。書是在圣域的境界秘密地藏起的祈祷辞，以之为咒禁。

御宰

将祝告的ㅂ奉于神前，或者作为咒具使用时，将其系结到短木上的形状就是甾。其与屮的形状相似，金文中的屮几乎都是作甾之形，二者恐怕原本是同一个字。卜辞中，甾被用作载行，即进行某事之意。《诗经》中奉行王室之命叫“载王事”（「王事を載ふ」）。这与卜辞中的“甾王事”是相同之语，如“贞：召甾王事？”（《续编》五·二九·六）、“丙午卜，穷贞：召弗其甾王事？”（《续编》

① 神事中，在请神降临的清净之所的周围，种植榊等常绿树，围以木栅栏，以为神座。

三·二七·一）。召是后来辅助周王朝统一天下的召公之族，不过殷商有时会称其为召方。也就是说，召族对于殷来说是外族，但曾与殷有过亲缘关系，派遣过使者。所谓王事，指的是由王室派遣的祭礼的使者。

将㠯作为咒符加到戈上，就成了𢦏。而載（载）十四上可能就是将𢦏竖在车上之意。《说文》云“载,乘也”,而在金文中,才（在）、在、载、𢦏都用作在之意，载、𢦏还有载行的意思。载之所以有“开始”“施行”的含义，恐怕是由于其加有咒饰㠯，以此而表示行动开始。㠯系统的字，声义都出自㠯。㠯本来是祝告之器。因此，向神起誓而缔结盟约的文书等，叫作载书。

载书一词在《左传》中多有出现。《左传》襄公九年记载，诸侯与郑国交换盟约之书时，晋国的士庄子作其载书，西晋杜预的注中说“载书,盟书”。也可以省略作“载”,《周礼·秋官·司盟》中说“掌盟载之法”,《左传》僖公二十六年说“载在盟府”。可见载书要藏于盟府，或者是在缔结盟约之际，比如向河神起誓的时候，将文书投到河里献给神灵，就像“载书在河”（定公十三年）所说的情形一样，应该是“河神明鉴”之意。有关外交的文书都是由其负责人所作,正如《论语·宪问》中所说,“为命,裨谌草创之,世叔讨论之,行人（外交官）子羽修饰之，东里子产润色之”，要慎重地研究其文辞。这四位的事迹也见于《左传》襄公三十一年。裨谌恐怕是司掌大祝的事务之人,在与此类神事有关的文书中,必然要加上祝史。宋景公既没，产生了继统问题之时，由相关人员起草盟约的载书，而制作载书的是祝人褱（事见哀公二十六年）。祝是“はふり”（按，神职）。当时的文书是由祝史来司掌的，而那应该是文字形成以后的事。一般认为文字是经圣职者之手而形成的。

其例之一，就是在誓约中要加入对神明立下的誓言。像“或间兹命，司慎、司盟（神名），名山、名川，群神、群祀，先王、先公，七姓、十二国（相关诸国）之祖，明神殛之，俾失其民，队（坠）命亡氏，踣其国家”（《左传》襄公十一年）所说，要煞有介事地立誓。还有对山川等起誓之时，要将载书之文与牺牲一起献给神明。另外对群神、群祀起誓之时，要杀掉牺牲，在其祀前啜血，这已经成为规定。《孟子·告子章句下》中，说葵丘之会上，诸侯“束牲载书而不歃血”，记载了没有通过杀死牺牲而进行血盟的一个特例，《春秋穀梁传》僖公九年说“葵丘之会，陈牲而不杀，读书加于牲上”。这被称为“衣裳之会”，认为是文雅之事，如此行事可能是出于一种观念，即啜血这种形式是未开化之地的习俗。但是盟誓之字多从血，像“盟”即为在神明之前进行血盟的字一样，在中国古代血盟是一种原则。即便到了春秋末期，也还有吴、晋争“操牛耳”[①]的故事。其时在牺牲之上加有书。

参与这类仪礼和载书之事的人是祝史。史三下原初是表示祭名、祭仪的形式之意的字。祭是将肉供于祭坛之上的字形，祝是在祭坛前祈祷之形，而史是负责𠙵（即载书）事宜的人，葵丘之会上有“读书”一项，即为其职。卜辞中有这样的例子：“大乙史，其征大丁？”（《京津》三九八二）、“大乙史，王其饗（飨）？”（《甲编》二〇三八）、“戊戌卜：祖丁、武丁史，其征妣辛、妣癸（武丁之妣）？”（《宁沪》一·一九一）。另外对自然神也要举行相应的祭

① 即“执牛耳”。《左传》哀公一七年：“武伯问于高柴曰：‘诸侯盟，谁执牛耳？’”

祀仪礼，像“河史，王受又（祐）？”（《库方》五六）、“燎岳史，雨？”(《南北》明·四四)这般。武丁期的王子,有以“我”“余”“子”作为身份称呼而称之的情况，这一类卜辞在样式上面也有其特征，所以称为“多子族卜辞”，其所涉及的卜辞中，史祭非常多。“辛巳卜，我贞：我又史？今十月。”（《前编》八·三·三）就是这种形式的卜辞，“又史”也作“㞢史”。

史祭多在王室内部举行，原本具有内祭的性质。祭仪中没有伴随牺牲等的供荐可能也是缘于此。史祭主要是向祖灵进行祝告。但是这种祭祀很快扩大到了外部。祭祀权的扩大，同时也意味着统治权的扩张。祭祀的使者被派遣到领土以外的地方,这叫“使”。字形也从含有㘗的史之形，变成了在大神杆上挂着㘗，再给其加上幡的形体，这便是“使”字，或释作“事”字。如“贞：勿使人于岳？”（《铁云》二三·一)、“乙酉卜，穷贞:使人于河，沈三羊，酉三牛？三月”（《粹编》三六）等，表述为“使人”之语，而且使用牺牲献祭。郭沫若将这里的人作牺牲解，不过像“贞：其大使于西、下乙（祖名）？”（《续编》一·四六·四）这样省略了人的例子也有很多，“使人”一语是派遣使者的意思。

使人也称“立事”，立是莅临之意，事是祭祀之意，立事指莅临其地而进行祭祀。使和事原本是一个字，都读作“つかふ”，而且都指祭祀。《左传》中举行重要的祭祀叫“大事”“有大事”。在春秋时期的齐国，对于执政就任之年，有例如“国佐（卿之名）立事岁”这样的记述。史也用作使役之意，比如西周时期的金文中说“王姜史叔使于大保”。

由王室派遣使者执行祭事，叫作“王事”。听从要求而举行

祭祀便是服从于王朝的统治。使者即是“みこともち”（按，御宰，或为御司）。《日本书纪》中，宰、司、府等地方上的政治执行者都叫“みこともち”。其原本是祭祀的使者。古代是将“みこと（按，御命）著于树枝等上而赴目的地的。《万叶集》（二·一一三）中有“み吉野の玉松が枝は愛しきかもきみがみことを持ちて通はく”（吉野松枝，实可爱；持送至此，君言传来），这是额田王答复弓削皇子写在松萝枝上的消息而作的歌；正如“みこともち”之语所示，本来是君的指示、命令的传达者。祭祀的使者所奉行的是“祝词”，政治上的使者则为“誓辞”（うけひ）等。史或使、事这些文字的构造确实传承了这种古代的祝告形式，另外，其向政治性意味的转化也体现出了与“みこともち”类似的语义的发展。

派遣祭祀使者之时，其任务能否顺利执行，有时会令人忧虑。卜辞中有如下的例子：

> 贞：方（国名）其𢦏（𢦏）我使？| 贞：方弗𢦏我使？　《乙编》七七六四
>
> 干朕使？　《库方》三六五

方是外族之名。另外，像“弗保我使？”（《乙编》一一七二）应该是占卜使者顺利与否的。“保”原本是表示灵的继承仪礼的字，见前文所述。王事原本是祭祀的使者之意，不过在实行祭政性统治的古代社会，这一用语还指对王室的服从和须负担的种种义务。《诗经》中，因不堪王室的榨取和劳役的义务而发出“王事靡盬”的哀叹之歌有很多，而这就是“祭/政”（まつりごと）的实态。《万叶集》中像防人歌这类哀叹的诗篇，在《诗经》的国风和小雅中也可见到很多。

“みこともち”是官名，相当于卜辞中的“史”。其是代任王室所派遣的祭祀官，被委任为该地域的代理执行人，卜辞中所称的西史、北史、北御史等相当于此：

> 庚子卜，牵贞：西史召亡囚？㞢？　《乙编》四五三六
>
> 贞：在北史有获羌？　《乙编》六四〇〇
>
> 癸巳卜：其呼北御史卫？　《甲编》一六三六

此类例子不一一枚举，皆是所谓的“みこともち”，不过主要仅是将神事委让给他们。

关于史，《说文》三下云“记事者也。从又（手）持中。中，正也”，认为史官应当以中正的立场记录事情，一般认为这规定了史的概念。不过“史”字从ㄓ，即为将ㅂ的中心向下贯穿的形状，和通常说的“中正”的“中”字形并不一样。中一上，《说文》云“内也”，是上下贯通之形，这是旗杆的形状：在旗杆的中央加有标识，有时还要在其上下加上幡的飘带（「偃游」）。这是中军之将即元帅所树之旗。“史”系的使、事二字，也有字形加有幡，以之来表示出使远方，字的主要的要素是ㅂ。《说文》中有些地方将这两者混同了，清代吴大澂依据金文的字形提出了新说，认为ㅂ是简札之形，而史即是执简札以做记录的人。另外王国维在《释史》中，据《周礼》春官的“大史”一职，认为史是“饰中”的“中”之意。古代举行仪礼之际，会进行具有场所性修祓之意味的竞射，

在计算射中的矢的数目时，使用的是一种叫作“中”的器物，即将细长的筭木放入这种器物中以做记录。持有这种计算矢数的器物之人就是“史”。王氏认为把ㅂ视为木简之形是不恰当的，而将其看作计算矢数的器物之形也并不恰当。另外，把竞射之礼中计算矢数一事看作古代的最高圣职者——史的职务，实在令人难以首肯。

关于这一点，内藤湖南博士认为，古代是以武事为主的社会，所以史是起源于盛筭之事，后来才逐渐加入了简策之事。此说大致是将王说和吴说结合起来了。内藤的学说和王氏的论文相继发表，两种学说有不期而一致之处。只是这些学说对于ㅂ到底是什么形状并没有理解得十分充分。理解ㅂ形的含义，是正确把握含有该形的数百个文字的形象的唯一方法，不过直到今天仍没有相关的提示可供做出圆满的解释。本章所述的ㅂ形系统的字释，也很难成为将史字的解释再推进一大步的根据。

与北史并列而言的北御史，其中的“御”字也适合趁着这个时机提及：因为御史是两字连用，也作为动词来使用，都是与祭祀相关的字。御二下的初文是卸九上，《说文》对卸的解释是“舍车解马也”，对御的解释是“使马也”，都是与驭马相关之字。但是卸、御的字义存在于禦一上中（按，《说文》：“禦，祀也”），本义是祓除、防御。卸是向其对象跪拜之形，不过所拜者为何不能确知。卜文中这一部分的字形也有各种写法，可见到有丨、午、幺、丝等字形。後二下从幺，許（许）三上是从午之形。恐怕幺才是其本来的字形。幺是将丝束扭启之形，恐怕是麻束之类；然后将其用于神事，作为神的依附之物。彰显神德的顯（顯，显）九上字，意为把玉和其丝作为神灵凭附之处，而向其礼拜，神灵就会于彼处显现。玉之下所系的丝，相当于“奧山のさかきの枝に　白香つく木綿とりつけて齋瓮を齋ひほりすゑ……”（《万叶集》三·三七九。按，“深山杨桐枝，洁白木绵置。掘地置放正，清净斋酒瓮……”）中所说的白香及木棉。在我国所用的是细细的裂麻和楮，而卸、御应该就是将牢固地缠结在一起的丝线束当作神灵的依附之物，向其礼拜以防御、祓除祸殃。也就是说所谓御史，是使用咒物和祝告的祭仪。孫（孙）十二下字大致也是袖子上有系丝之形。《说文》中认为是系续之意[①]，而孙可以作为祖祭的尸，所以应该是以咒饰来表示这一含义的。这种繁饰之物就是緜十二下。

本章所论述的多数文字，基本上都是以作为神杖的丨、作为咒具的工、祝告之器ㅂ为基础而构成的字。用阿兰的话说，就是具有抽象性、秘传性之物，可能还具有魔法性。但是这种文字构造绝不是任意的、恣意的秘密符号，其一点一画当中都包含了严密的构造原理，这样理解更为合适。作为记号文字，可以说其具备了不能让人奢望更多的程度极高的体系性。

另外，说其具有魔法性，这未必是针对汉字的评价，不过通过了解这种文字构成，就可以领略古人那种对于咒具和祝告所具有的机能的完全的信赖。这当中，正是列维·布留尔所说的“融即原理”在起作用。其所表现的，是确实存在之物的原貌，是人们对其所认为的具有机能之物的信仰。这在汉字的构造法上，也是一个基本上获得承认的原则。如果没有这样的理解就去讨论古代

① 孙，子之子曰孙。从子，从系。系，续也。（《说文解字》页271）

文字，则可以说是全无方法论的研究。从丨、工、ㅂ这类极度精简的表象中，恢复其具体的含义，这便是古代文字研究的出发点，而且为了理解这一研究方法，我们还必须与古人持有相同的思维方法。

第三章

神话和背景

3–4

東
東系
西
北

3–2

鳳(風)

3–3

唐
庚
庚系
康
彭

3–1

靁 電 雹

申 神

3–8

王亥

河

3–10

雲 旬

龍系

3–7

沈

3–9

燎

3–5

夕 夜 晶 星

3–6

禹◎

羌◎

◎

羌系◎

岳◉

3-11

逆◉

伐◉

◎

殲◉

3-12

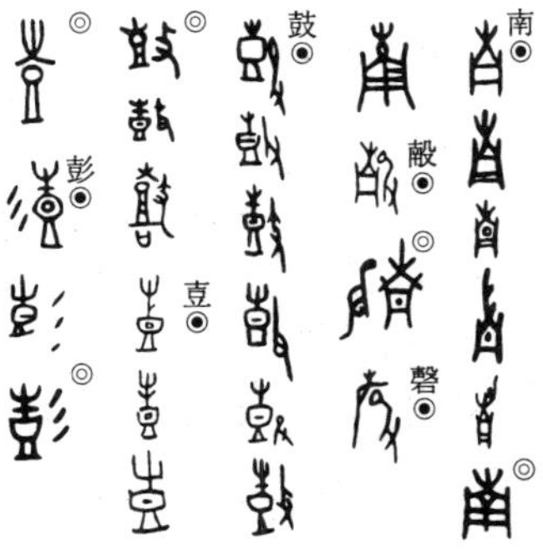

南◉

◎

殸◉

◎

磬◉

鼓◉

◎

壴◉

◎

彭◉

◎

3-13

帝的使者

帝作为至上神又被称为上帝，“叀五鼓，上帝若？王有祐？”（《甲编》一一六四）即是一例。所谓鼓，应该就是用鼓进行祈祷的祭仪。如“辛亥卜，出贞：其彭彡告于唐，（用）九牛？一月。”（《续编》一·七·四）所说，唐（唐）二上即始祖汤，对其也要采用这种祭仪。唐也从㇗，是表示祝告的祭仪的字。该器物从庚十四下，是表示用杵捣臼之形的字。康七上是糠的初文，也有字形表示音响，以及在音响前舞蹈之人的姿态，有“康乐”这样的习惯用法。彡是彭，是一种献酒的祭祀，以鼓声和酒气让神灵欢愉。陈梦家氏《殷虚卜辞综述》（第十七章）中，认为“帝”者能够降下风雨或饥馑，还有其他祸福，并控制王都的安宁与否，举出了16类的例子。[①]上帝虽然是自然世界的主宰者，不过可以通过自然界的事象来支配地上的生活。帝为了广泛发挥其威灵，而要使用众多神灵。西周中期的宗周钟上有“皇上帝百神”字样，那些都是天上之神。“神”和“天上”多数情况下都是同义语，纳特汉·瑟德尔布罗姆在《神信仰的生成——宗教发端的相关研究》（第四章）中列举了

① 详见陈梦家《殷虚卜辞综述》，中华书局，1988年，页562～571。

有关例证。在我国，神也被视为是在高天原“聚集于神集”(「神集ひに集ふ」)。

帝的统治是经由方位神向四方传达的。在东南西北四方各有司掌方位之神，叫作方神。方神又掌管向所在地域传达、宣布神意之事，可以役使风神。卜辞中有记载方位神名之辞：

> 东方曰析，风曰劦；南方曰夹，风曰光；西方曰夷，风曰彝；北方曰□，风曰殴。　《京津》五二〇

可以从中得知方神、风神之名。其名还见于记载古代山岳信仰的《山海经》中，在该书的《大荒东经》中，东方的方神叫折丹，风神叫俊；《大荒南经》中方神叫因乎，风神叫乎民；《大荒西经》中方神叫石夷，风神叫韦；《大荒东经》中北方叫鵹（鵷），风神叫猣；《北山经》中北方的风神又叫飈（《说文》引《玉篇》作劦）。虽然这与卜辞之间有较大的差异，但是毫无疑问，方神、风神信仰自古就有了。

对于方位名，并没有将其具体地表现出来的方法，都是借音，或是托于他物来表现。東（东）六上原本是口袋之形；等到東字专用于方位之后，另外又造了橐字来表示袋之义。橐的字形中的石是声符，是拓、宕的音。其形是括囊，即上下口扎起来的橐的形状。《说文》中认为東字是“日在木中”之形，木是东方的神木榑（扶）桑，意谓太阳从此处升起，这是以太阳神话为背景的解释，但是東的古字形并不是这种“日在木中”的形状。含有東之形的字，可以认为全都具有橐的含义。叀、專系统的字也是一样的情形。根据木和日的位置而造的字，有杲六上，《说文》解释为“明也。

从日在木上”；杳六上，《说文》言“冥也。从日在木下”；是表示时间状态的字，但是与東字的构造完全不同。

西十二上，《说文》言“鸟在巢上。象形”，意思是太阳西斜之时鸟要归巢。栖和棲有时也会通用，也有人支持此说，但是西的字形所示的，应该还是笼子之形。也有学说认为，東用橐来表示，西用笼来表示，是出自东、西之地的搬运、携带之用的器具的特征，但是并不存有这样的关系，东和西都是假借字，是因为没有方法能够将方位具体地表示出来，才使用了假借之法。

南六下是古代的叫作南的鼓的象形。当时苗族生活在江北之地，被殷人称为南人。南是一种他们作为圣器使用的乐器之名，这一点后面再叙述。北八上，《说文》言“乖也”，是“二人相背”之形。若说是南面而背向的位置，那就是北方的方位，亦即有托于南北之处，所以用南、北二字，并非单纯的假借。

各方神都以风为使者。风（風）写作鸟的形状，凤凰的凤（鳳）四上便是其字。风的羽翼上有漂亮的羽毛飘舞，头部戴着辛字形的冠。这种辛字形的冠饰也可以视作龙或虎等灵兽，后来的青龙、朱雀、白虎、玄武四灵的观念，在某种程度上就是起源于古代神话。卜文中的风字也有添加了㒼之形的，可能是声符。后来的風字，把㒼形之下的鸟换成了爬虫类的龙，亦即虫。关于风十三下，《说文》中释为“风动虫生，故虫八日而化”，不过卜文、金文中并没有看到风的字形。风是凤形的神。

方神应该是地位很高、仅次于帝的神，卜辞中占卜道“方禘？”的例子很多：

己亥卜，贞：方禘，（用）一豕三犬二羊？二月。《甲编》三四三二

尞于土，方禘？《续存》一·五九五

等等，这是在祭祀中使用禘这种仪礼。禘一上是祭祀被视为“帝”一类的神，其中属于自然神系统的神有很多，有土、河、岳、虎、龝（秋），有被视为䖵的精灵的䖵形兽，还有被视为神话性的祖神的王亥、被认为可能是巫祝之祖的屮及黄奭等，都是禘祀的对象。禘在文献中是祭祀始祖的仪礼，上述这些神可以视作各自所属系统的始祖。方可能是四方的风神的合指，而分别祭祀各个方位神时，如下面所举例文所示：

甲辰卜，自（贞）：禘于东？九月。《遗珠》六一二

禘于西？《前编》五·一三·四

禘于南，（用）豕三？《六录》中·六七

禘于北，（用）二犬，卯（……）？《续存》二·二四五

等等，是分别祭祀各个方位。也有将风神一并祭祀的情形：

辛亥卜，内贞：禘于北方？曰勹。风曰𣪘。𠦪年？一月。| 辛亥卜，内贞：禘于南方？曰㞷。风曰夹。𠦪年？一月。| 贞：禘于东方？曰析。风曰劦。𠦪年？| 贞：禘于西方？曰彝。风曰韦。𠦪年？《丙编》二〇一

上文中，特别举出方神和风神之名来祈求年谷丰登。可见人们认

为方神和风神控制着所掌管地域的丰凶。

风和所司的风土有很深的关系，左右着当地的生活。在我国，按照地域和季节有诸多风名，王室也把龙田神社当作风神来祭祀，举行风祭。《祝词》中有“龙田风神祭”，一年两次，献上币帛来进行祭祀。所祭祀的是彦神和姬神（「ひこ神とひめ神」）二尊。风神的祭祀一般都是以王朝级别的规模举行。

神为了传达神意，要以鸟为使者，这种例子在《山海经》中不胜枚举，卜辞中四方风神的祭祀，可能也是在这种地域信仰之上而形成的王朝的祭祀。《山海经》的记述，也有与其他神话相关联的地方，也可以视作传述了有关王朝祀礼的背景内容的资料，在此摘录一些例子：

《大荒东经》：有蒍国。黍食。使四鸟：虎、豹、熊、罴。

同：大荒之中，有山名曰合虚，日月所出。有中容之国。帝俊（舜）生中容。中容人食兽、木实。使四鸟：豹、虎、熊、罴。

同：有司幽之国。帝俊生晏龙，晏龙生司幽。司幽生思士，不妻；思女，不夫。食黍，食兽，是使四鸟。

同：有白民之国。帝俊生帝鸿，帝鸿生白民。白民销姓，黍食。使四鸟：虎、豹、熊、罴。

同：有招摇山。融水出焉。有国曰玄股。黍食，使四鸟。

《大荒南经》：大荒之中有不庭之山。荣水穷焉。有人三身。帝俊妻娥皇，生此三身之国。姚姓。黍食，使四鸟。有渊四方，四隅皆达。……舜之所浴也。

同：有人，名曰张弘，在海上捕鱼。海中有张弘之国。食鱼，使四鸟。

《大荒西经》：西北海之外，赤水之西有先民之国。食谷，使四鸟。

《大荒北经》：有叔歜国。颛顼之子，黍食。使四鸟：虎、豹、熊、罴。

同：有毛民之国。依姓。食黍，使四鸟。禹生均国。……修鞈，杀绰人（人名）。帝念之，潜为之国。是此毛民。

除此之外，还有相当多有着鸟身鸟首、鸟啄鸟翼、鸟尾鸟足的异形神，有青鸟相伴随的神像也不在少数，不过使四鸟的神只能在《大荒经》中看到，大荒之外可能就是无边无际的广阔世界了。另外《东经》《南经》中所说的四鸟，多数与拥有太阳神性格的舜的神话相关，这一点也应当引起注意。

成为神的使者的鸟有雉、鷫等，关于雉四上，《说文》言“有十四种”，并举出卢诸雉、乔雉等名，另外还讲到了四方的雉名：“南方曰𪀚，东方曰甾，北方曰稀，西方曰蹲。”即将之视为风神之名。《山海经》中也有很多和雉类似的鸟之名，《北山经》就记载了灌题之山上有“其状如雌雉而人面，见人则跃”的名为竦斯的怪物。关于鷫四上，《说文》言“鷫鷞也。五方神鸟也。东方发明，南方焦明，西方鷫鷞，北方幽昌，中央凤皇”，《后汉书·五行志》注中说到有一本叫《五鸟之记》的古书。五鸟在五行思想中和五行相配，此前已有八风之名，《说文》第十三下中言“风，八风也”，在四方之外，又加上了东南、西南、西北、东北四风，并举出八风之名。《山海经·南山经》曰：

旄山之尾，其南有谷，曰育遗。多怪鸟。凯风（南风）自是出。

曰令丘之山，无草木，多火。其南有谷焉，曰中谷。条风（东北风）自是出。有鸟焉，其状如枭，人面四目而有耳，其名曰鹏，其鸣自号也，见则天下大旱。

等等，记载了风穴所在之地。八风之名又见于《吕氏春秋·有始览》《淮南子·天文训》《白虎通》卷六“八风”等当中，自古便有镇定八风的祭祀，《左传》隐公五年说“夫舞，所以节八音而行八风”。舞本来是求雨的仪礼，不过也用于使大风平息的宁风仪礼中。

沂南画像石墓和武梁祠等处的两汉时期画像石中，很多的画图都配有鸟的形象，也能看到类似《山海经》中所言的奇怪的鸟神的形象。《楚辞·离骚》中对天界的鸟的描写，大概就是发源自对古代的风神等的传承当中，而其形象最终在汉代画像石中被固定下来。最近（1973年）出土的马王堆（第一号墓、第三号墓）的帛画、棺漆画中，就有这类图形。

卜辞中记载有“于帝史（使）凤（用）二犬？”（《卜通》三九八）、“王宾帝史（使）？”（《卜通》别二·河井氏藏大甲），可以认为这是祭祀帝的使者凤，即风神之辞。风以凤形的鸟来示现，郭沫若氏的《两周金文辞大系》中，从南洋的极乐鸟bon lock来考求其语源，认为凤是bon的对音。凤被认为是神鸟，所以在理雅各（James Legge）等人的译书中多译为phoenix，另外也有学说认为是印度的pavo cristaties[①]，出石诚

① 当为Pavo cristatus，即印度的国鸟蓝孔雀。

彦氏的《关于凤凰的由来》(《中国神话传说研究》)中提出孔雀说，此外还有周自强氏的象风鸟说（《古代凤凰与今南洋风鸟的研究》，《民族学研究所集刊》二四期），另外丁骕的《凤凰与风鸟》（同，二五期）中，参考殷周的彝器纹样，认为凤应该是雉一类的鸟。《说文》言雉有14种，其中也举出了配于四方的雉之名，这应该比较接近四鸟的原型。也有学说加入鷫鷞，举出配于五方的神鸟，鷫鷞是雁的一种。孔雀原产于印度，与雉相似，据《山海经·海内经》中记载,苗民之地有“鸾鸟自歌,凤鸟自舞”,后文又说“有孔鸟”,《逸周书·王会解》中说，西申之人献凤鸟，氐羌献鸾鸟，巴人献比翼鸟，方炀献皇鸟，蜀人献文翰（雉的一种。按，“文翰者，若皋雉”），方人献孔鸟[①]。这些都是西南夷之国,可见从古时起在这个地区便有孔雀之类的鸟了。湖北省安陆孝感出土的中方鼎等器物，记载了西周初期的南征之事，收录进宋代的著录之书，称为安州六器。[②]其中的方鼎（第二器）上有铭文“中呼归生凤于王，艺于宝彝”，其中凤字很明显地示以羽的珠文。被视为帝的使者的凤，恐怕属于这孔雀一类。《诗·大雅·卷阿》中言“凤凰鸣矣,于彼高冈。梧桐生矣，于彼朝阳”，已经将凤凰视为吉祥之物而歌唱。庄子将其逍遥游的心意寄托进大鹏之姿当中，恐怕就是从这风神之处获得的灵感。

之所以要对风神的传说进行稍微详细的论述，是想说明，卜辞中出现了四方风神的祭祀，而关于这类神和他们的使者的关系，乃成立于极其普遍的古代信仰的基础之上。在我国，虽然也有“雉

---

① 可参见《逸周书汇校集注》，黄怀信、张懋镕、田旭东撰，黄怀信修订，李学勤审定，上海古籍出版社，2007年，页858～863。

② 收于北宋王黼所编《博古图录》，该书记载，“安州六器”于重和戊戌（1118年）出土于安州安陆郡孝感县，凡方鼎三、圆鼎二、甗一。

の頓使い”[1]这样的鸟使者的故事，不过并没有以四鸟、八鸟或者是五鸟为风神而配于各个方位的神话形态。仅仅在龙田的风神祭中有彦神和姬神登场。即使是风神级长户边命，也不过只流传下来了其化生传说（《神代纪》上）[2]。在我国，风神在神话构成中并没有占据充分的地位，虽然同属于季风地带，但从两者这种显著的差异中，可以看出来中国神话所拥有的旺盛的构想力。中国的神话，是在这种地域信仰的综合之上，对其进行王朝规模的组织而产生的结果，而且其信仰在秦汉以后仍然展示出了根深蒂固的传统。其神话构成的方法，在其他自然神话、文化神话、诸神系谱的构成上也能够看到。但是中国的神话，很快步入了经典化的方向。于此可以看出，其与我国神话逐渐走向历史化的相异的发展过程。这里包含了一个思考民族神话的本质时的重要问题。中国神话的传承是如何走向经典化的，关于这一问题在本章结尾会借由若干事例论及。

天上的世界

帝以神鸟为使者，还有作为其直属部下的臣、工诸臣相从。这些臣下也被称为五臣、五工，可能还是源于和帝座、四方相配的神话世界图像吧。

唯帝臣命？　《后编》上·三〇·一二

---

① “雉の頓使い”的故事见于《古事记》，详参本书第四章中关于“返矢传说”的注释。

② “乃吹拨之气化为神，号曰级长户边命，亦曰级长津彦命，是风神也。”（《日本书纪》，伴信友校订，佚存书坊印行，明治十六年［1883］，卷一页5）

王又岁（祭名）于帝五臣正（长），唯亡雨？　《粹编》一三

帝𠀠巷我？　《续存》一·一八三一

于帝五丰臣䨻？在祖乙家卜。　《粹编》一二

在卜辞中有这样的例子，陈梦家在《殷虚卜辞综述》中认为𠀠是工的异文，丰是三玉一工之象，且该字可读作工。工和左字中所含的工相同，被视为咒具，作为咒饰戴在头上的戴胜也是工形之物。

帝携其直属臣下五臣、五丰臣，接受请雨和农谷等祈祷。臣三下，《说文》言“牵也。事君也。象屈服之形”，因此字形是跪拜之象，也有学说认为是手足被缚而伏于地之形，等等，不过该字怎么看都是目之形，因此也有学说认为是张目之形、瞋目之形，不过从臤三下、賢（贤）六下、監（監，监）八上、臨（临）八上的字形来看，应该是较大的目，而且臤、賢是指受伤的目。目受伤的字也有旻四上等。恐怕臣原本是向神灵献上的牺牲。我国的忌部氏是制作祭器、司掌神域的禁忌的氏族，属于该部的神有“天目一个神”，祭祀“一目连”[①]的神社也有很多，被视为风雨之神（松村武雄《日本神话研究》第一卷第三章）。这种信仰作为土俗也相当普遍（《柳田国男全集》卷四）。其与中国古代叫作臣或是小臣者很相近。

神话中说生于空桑的伊尹，仕于殷的始祖汤，而被称作小臣。小是幺弟之意。以小王、小父为代表，贵族的幺弟被称作小子、小臣，这些用语都是合书[②]的例子。参与神事之人是小臣。可以视

---

① “天目一个神”，又称“一目连”。

② 又称合文，指把二字或以上的语词浓缩成一个汉字书写单位（一个方块字）的文字形式。

同我国的“阿礼男”。小臣伊尹是被这类圣职者奉为鼻祖而祭祀的神。五臣及五工是由这小臣统率的。

据《左传》昭公十七年记载，郯子来朝于鲁，被问及其祖先少皞氏以鸟为官名的由来，他回答说：

过去黄帝氏为云师而以云名官，炎帝氏以火，共工氏以水，大皞氏以龙名官。而在我国，为纪念凤鸟来仪而以鸟名官，凤鸟氏为历正，玄鸟氏司分，伯赵氏司至，青鸟氏司启，丹鸟氏司闭。祝鸠氏为司徒，雎鸠氏司马，鸤鸠氏司空，爽鸠氏司寇，鹘鸠氏司事。五鸠治理民事；五雉为五工正，司掌器用、度量。

需要注意的是，凤鸟以下五者称作五雉，而将工正视作司掌器用度量之职是后世的误解，工正原本是帝的使者。陈梦家认为其乃《楚辞·九歌》的东皇太一、东君、云中君、大司命、小司命，或《周礼·春官·大宗伯》中的司中、司命、飌（风）师、雨师，或者是《小宗伯》郑玄注中的日月、风师、雨师、司中、司命之属，但五雉可能是司天文之职，作为帝的使者出使各地。

方位神中，另外还有东母、西母。卜辞中有这样的辞例：

尞于东母九牛？　《续编》一·五三·二

尞于东母，（用）豕三犬三？　《铁云》一四二·二

㞢（侑）于东母西母，若？　《后编》上·二八·五

寮十上，正如《说文》所说的“柴祭天也”那样，是焚烧柴薪的镇火祭的祭仪，这种时候要燎杀牛或猪、狗等牺牲。《史记索隐·赵世家》中记述了北方的代地（山西北部）的风俗，当地称日出日入之处为王父母（按，“代俗以东西阴阳所出入，宗其神，谓之王父母”），在汉镜和画像石中可见到东王公、西王母之名，举行日夕祭祀。在沂南、武梁祠等的画像石中，此二神多有列仙、鸟兽等相从。东王公的图画中，配有日中乌、仙人炼药图，而西王母的图画中则有月中蟾蜍、仙兔杵药图。《山海经·西山经》中有玉山：

> 曰玉山，是西王母所居也。西王母其状如人，豹尾虎齿而善啸，蓬发戴胜（头上的玉饰），是司天之厉及五残。

可见西王母是使役恶神之神。《大荒西经》中也说西王母是虎齿，有豹尾，穴处。《海内北经》中认为其地在昆仑虚北，“西王母梯几而戴胜杖。其南有三青鸟，为西王母取食”，鸟为三足乌。另外据《大荒西经》记载，西王母所在之山，是日月所入的“丰沮玉门”山，在十巫升降而采集百药的灵山之西，其处鸾凤歌舞、百兽群居。也就是说这座山是犹如天国一般的乐园。在卜辞中东母、西母都被视作女神，将二者视为对偶神可能是后世的观念。

根据卜辞可知，王要对日出日入进行祭祀。“丁巳卜：又出日？”“丁巳卜：又入日？”（《佚存》四〇七），《国语·鲁语下》说“天子大采（朝）朝日……少采（夕）夕月”，记载了朝夕的仪礼。大采、小采在卜辞中皆可见，是殷以来的礼。日七上，《说文》言“实也。

太阳之精，不亏。象形”。关于○中的●，在对段注多有批正的徐灏的《说文解字注笺》中，认为这是黑点，说“古人造字之精如此。相传日中有乌者，以黑点如群鸟飞耳”；另外，对《说文》所收录的古文字形中○中为乙之形，也将乙解释为乌的象形。《淮南子·天文训》[①]中说“日中有踆乌”，《楚辞·天问》中说羿射落九日之乌，这些神话被导入字形的解释中。但是星、月的字形中也加有同样的小点，所以日中之物与黑点或踆乌的神话是没有关系的。

卜辞中没有关于月神的记载，《山海经·大荒东经》中的“有女和月母之国。有人名曰鳧（䳬），北方曰鳧，来之风曰狻，是处东极隅以止日月”，称月神为女和月母。《楚辞·天问》中的“夜光何德，死则又育？厥利（黎）维何，而顾菟在腹？”，说月中住着蟾、兔。《说文》中将月七上解释为“阙也。太阴之精。象形”，是月的盈亏之意。卜文中，月和夕字依照不同的时期而交替。日和月在卜辞中并没有被视作神，这可以认为是中国神话相当显著的特色。《山海经·大荒南经》中，帝俊之妻羲和生十日，又《大荒西经》说帝俊之妻常羲生十二月。帝俊便是舜，舜生日月的传说，可能是将舜视为古帝的传说的余音。舜也被视作殷的始祖，也叫帝喾。

星七上被认为与妖祥有关，而要举行星祭：

丙申卜，㱿贞：来（旬）乙巳酚下乙（祖名）？王固曰：酚，惟有㣇，其有鼓（豈）。乙巳酚。明（黎明）雨。伐（杀死牺牲）。

① 当为《淮南子·精神训》。

既雨。咸伐。亦雨。攺，卯（剖杀牺牲）鸟星。《乙编》六六六四

释为鼓（蛊）的字，其用法多与天象相关：

乙巳夕，有鼓（蛊）于西。己丑，伐于上甲十宰（羊牲）《乙编》六六六五

庚申，亦有鼓（蛊）。有鸣鸟。《甲编》二四四〇、二四一五

这些卜辞可能都与妖祥有关。之所以要进行攺（改），是因为认为那妖祥会为蛊。伐是供奉牺牲之意。《左传》昭公元年中有“日月星辰之神，则雪霜风雨之不时，于是乎禜之”之语，用朱索禜社，即在祭场上围以朱色的绳索，伐朱鼓而袚除之。大水之时也伐鼓献牲（庄公二十五年）。蛊之所以借用了鼓字，可能是与以鼓进行袚除的活动有关。鸟星属于南方七宿，被认为能够袚除风雨，所以要对其举行祭祀。若是想要风雨，则有《诗·小雅·渐渐之石》中的毕星，“月离于毕，俾滂沱（大雨之貌）矣”。星的初文从晶。《说文》中解释为“曐，万物之精，上为列星。从晶，生声”。字形结构相似的有参（参）、疊（叠）[①]七上等字，都是玉光，疊是在俎肉之上加叠玉的意思。

人们见到的其他星名，像“七日乙巳，月翳，有新大晶（星）竝（并）火”（《后编》下·九·一），火是星名，火字是火焰之象。可能说的是附近有新的大星出现。今天的火星是以五行命名的，

① 此处疑误，当为曑、疊二字，皆从晶。

所以很难确定是否就是这颗星。对于卜兆进行占断，占断的结果称为验辞，可见新星的出现还是被视为妖祥之象。与星相关的知识似乎是起源于占卜之事。在我国，星之名只有“すばる”（昴星）为人熟知；有神名为“天须婆留女（あめのすばるめ）命”（《皇太神宫仪式帐》），《和名抄》中则说昴星，“六星火神也”。昴是昴宿星团（Pleiades），不过并不清楚这具体是什么样的信仰对象。

日月星辰的世界很遥远，其运行和位置是有定则的，其形象也可以说是孤高、冷漠、疏远于人世的，而风云雷电就离地面较近，其理想的状态则是活跃的，古代的人们从中感受到了自然生命的跃动。动荡、急遽的行云奔涌，将天空遮蔽，或是疾劲的风雨、震撼天地的雷鸣等，无疑都是天界的异变，是诸神愤怒的体现。所以必须要想方设法平息诸神的愤怒。春秋末期的孔子也说“迅雷风烈必变”（《论语·乡党》）[①]，就要进入斋戒的状态，言行举止恭敬谨慎。

关于风，据《山海经·大荒东经》所说，叫折丹的神人处于东极，另外《大荒南经》中叫因因乎的神处于南极，二人掌管风的出入，诸方之山也有风出入的风穴。另外还有据说出入之时必然伴随飘风暴雨的神计蒙（《中山经》）、居于洞庭之山的帝之二女（同上）、居于东海中的流波山的一足神，即光如日月、声似惊雷的夔（《大荒东经》）等[②]。后来在汉代画像石中出现了风伯雨师一类的神灵，

①《论语译注》，杨伯峻译注，中华书局，2006年，页122。

②《中山经》：“又东百三十里，曰光山，其上多碧，其下多木。神计蒙处之，其状人身而龙首，恒游于漳渊，出入必有飘风暴雨。”又：“曰洞庭之山……帝之二女居之，是常游于江渊。澧沅之风，交潇湘之渊，是在九江之间，出入必以飘风暴雨。”《大荒东经》：“东海中有流波山，

而根据卜文，风是鸟形之神，雨则是龙形的云神所带来的。司掌风雨的，是山川诸神和伊奭这样的巫女之祖。

> （祈）甹土、河、岳？　《粹编》五六
>
> 甹风，北巫（用）犬？　《明续》四五
>
> 其甹风，伊奭（用）一小宰？　《粹编》八二八

有上述说法。另外，由于风属于方神，所以也有"甹（风）于四方，其（用）五犬？"（《明续》四六八）这样的说法。像"翌癸卯，帝其令风？"（《乙编》二四五二、三〇九二）这样的例子很少，以山川和神巫为对象而举行风祀才是常例。

云中有云神，帝云之外，还有二云、四云、六云等诸多云神：

> 㸑于帝云？　《续编》二·四·一一
>
> 呼雀（人名）㸑于云，（用）犬？　《乙编》五三一七
>
> 又㸑于六云五豕，卯五羊？　《后编》上·二二·三、四

在文献中有五云（《周礼·春官·保章氏》)、三云（《三辅旧事》）等，奇数之云居多。雲（云）十一下，卜文作云，《说文》之所以说"云象雲回转形"，可能是根据当时的画像石的描绘等而得出的结论，不过卜文中的字形其上是两条斜线，其下是尾部向内卷的龙之形。《易·乾卦·文言》中所说的"雲从龙"便是这种姿态。其下部与作

入海七千里。其上有兽，状如牛，苍身而无角，一足，出入水则必风雨，其光如日月，其声如雷，其名曰夔。"

祟的龔（龚）的卜文字形相近。在画像石等上面，尾部作蛇之形者，可能都是同系的神。

与云的字形相似的，有旬九上字。《说文》中解释为“徧（遍）也。十日为旬”，认为是从勹、日之字，但其卜文的字形与云相似，还是拥有龙尾的兽形。卜辞中有在旬末对下一旬的吉凶进行占卜的“卜旬”之辞，言“旬亡尤？”，这一定式贯穿于卜辞的全部时期。旬是龙首出现于云上之形，原本是表示动物灵的字。

> 旬有祟。王疾首？　《前编》六·一七·七
>
> 癸丑卜，出贞：旬有祟。其自西有来嬉（寇）？　《前编》五·一八·一

如上所述，王的疾病和外族侵犯等也被视为“旬”所降下的祸殃。云和旬的字形中也有添加了其他要素的，通过这些字形，可以获知存在过利用这种咒灵的萨满性质的方法。

雲和旬是龙形的神。龍（龙）十一下，《说文》中解释为“春分而登天，秋分而潜渊”，春夏在天上活动。头上有辛形装饰是灵兽的标记，而《说文》却将其错误地理解为“童省声”。双手捧举龙之形是龏，也写作龔。卜辞中有“龏司”之语（《京大》三一四九、《乙编》七一四三），可能是指祭祀龙形之神的圣所。其中龏往往被特意地用图象来表记。

《左传》昭公二十九年记载有龙现身的传闻（按，“秋，龙见于绛郊”），对此，巫史蔡墨讲述了豢龙氏、御龙氏以来的古代传承。据说早在夏代孔甲之时，帝赐给孔甲河汉之龙，雌雄各两条，豢龙氏悉心饲养，于是群龙咸归，帝赐其御龙

氏之名。[①]其子孙后来入晋，成为范氏。御龙的萨满好像是具有祈雨的职能，后来则使用了在玉上加上龙文的瓏（珑）一上。《说文》中说“瓏，祷旱玉。龙文”，正是如此。

雷的初文是靁十一下，《说文》言“阴阳薄动”，指的是发电光、响震雷，说雷“象回转形”[②]，不过金文的字形多从四田之形，可能是象鼓形。汉碑中已经使用了雷的字形。電（电）十一下，《说文》言“阴阳激燿也”，申声，不过申是电光之象，是神（神）一上的初文；“劈历（霹雳）振物者”为震十一下，霆十一下则是“雷余声（也铃铃）”。雹十一下，《说文》解释说“雨冰也。包声”，在卜文中也是以震电之间配有雹的字形来体现的。雪（雪）十一下的初形很难确定，不过其字应该是在表记羽状之物如雨落下。

总之，雷霆就是天上诸神在斗争，雷霆过后反而会带来凉爽的空气。但是虹霓却被视为妖祥，可能是其静谧的阴气会让人心生畏惧。比如卜旬之辞中就有“王固曰：有咎。八日庚戌，有各云自东。面母。昃亦有出霓自北，饮于河”（《菁华》四）的记载。王证验卜兆，对会发生什么灾异进行占断。果然在第八日庚戌日，自东方出现了异样的云，那是被称为面母的女（阴）性的云。释为面的字，写作庙屋一类的字形，中间悬着一个目，暂释作相似

① 这里的记事和我国常见的《左传》昭公二十九年记载的帝舜之豢龙氏和孔甲赐氏“御龙”之刘累的故事有出入。《传》曰：“昔有飂叔安，有裔子曰董父，实甚好龙，能求其耆欲以饮食之，龙多归之，乃扰畜龙，以服事帝舜，帝赐之姓曰董，氏曰豢龙，封诸鬷川，鬷夷氏其后也。故帝舜氏世有畜龙。及有夏孔甲，扰于有帝，帝赐之乘龙，河、汉各二，各有雌雄。孔甲不能食，而未获豢龙氏。有陶唐氏既衰，其后有刘累，学扰龙于豢龙氏，以事孔甲，能饮食之。夏后嘉之，赐氏曰御龙。以更豕韦之后。龙一雌死，潜醢以食夏后。夏后飨之，既而使求之。惧而迁于鲁县，范氏其后也。”（见《春秋左传注》页1500～1502）

② 据中华书局2013年版《说文解字》（页241），云“畾象回转形”。

之形（按,《说文》云,面,“颜前也。从百。象人面形”)。《周礼·春官·保章氏》中有“以五云之物,辨吉凶（、水旱降丰荒之祲象）”[①],即通过云色来占卜吉凶。据《左传》哀公六年记载，有大片红云像一群赤鸟一样夹着太阳连续飞了三天，楚昭王就此异变询问巫史，巫史回答说这是灾难要降临到王身上的征兆，可以将之转移给臣下，就能祓除己之厄运，但是昭王拒绝了这种俗信。而且据史料记载结果并没有发生任何灾难。孔子对此十分赞赏。

又据《三辅旧事》记载，在四季之初登台而观，以云气之色进行占卜，黄色是疾病之兆，赤是兵事，黑则是水害。卜辞中所说的四云、六云，可能就是这种云了。《楚辞·九歌》中所见的“云中君”，歌唱其驾着龙，着帝服，焕发出煌煌之光，从天而降之貌，这应该是已经仪礼化了的云神。

乘在被称作面母的女性云之上,虹霓出现了。虹十三上,《说文》言“蝃蝀也。状似虫”,并举出其古文的字形“[illegible]”,这是虹的内环。与此相对,虹的外环叫作霓十一下。《说文》言“屈虹,青赤或白色,阴气也”。《搜神记》(《太平御览》卷一四引）中记载，庐陵陈济之妻秦氏跟随一名男子去山谷幽会，男子拿出一个瓶子取水来共饮，结果秦氏有感应而怀孕了，后来男子携所生之子而去，去时风雨晦冥，人们看到两道虹登上天庭。虹饮水时就下凡的故事也见于《太平御览》(卷一四)、《太平广记》(卷三九六）等当中，比如有这样的故事：下凡到首阳山中、饮于溪泉的虹是天女所化，其又化为女子，后来拒绝了皇帝的示爱，遂化为虹上天而去。视

① 可参看《周礼正义》页2124。

虹为禁忌的风俗也广为流行,《诗·鄘风·蝃蝀》中便歌道“蝃(螮)蝀在东，莫之敢指”。这可能与降于地上而成人道的故事一并成为自古流传的俗信，而卜辞中所见者则似乎拥有某种神话性质的背景。与此相似的辞例还有“各云。昃亦有设。有出蜺自北，饮。十二月”(《缀合》二四八)，这是伴随有设，即北方的风，可能是以之为乘着云、有北方的风神相从的天上之神。在此，呈现出了一个神话和其背后的俗信深深地相重叠的世界。可以说这一现象普遍适用于殷代神话全体。

河神与岳神

与天上的诸神世界相对，地上各处也有神灵之地。过去人们认为，贯通大地东西、九曲蜿蜒的黄河之水，俯瞰着黄河沿岸附近平原和巍峨高山，还有其他湖沼森林之地，都潜藏着诸多灵威。因此名山大川和丛林之祭，被视为王朝进行政治控制的重要仪礼。

卜辞中保存下来很多祭祀河、岳的例子:

戊午卜，穷贞:酌，求年于岳、河、夔?　《前编》七·五·二

□卯卜，設贞:有帚年，娄与河?　《林》一·二一·一四

由此可见，河神对农事有着巨大的影响力。因此对河神的祭祀非常盛大。向其举行燎祀的例子相当多，特别是如下例一样:

甲午卜，𣪘贞：呼毕先御（祭名），𡨦于河？　《甲编》三三三八

𡨦就是燎，即以火祭（「火祭り」）来祭祀天神的祭仪，虽然人们认为河神之灵在天上，但是对其的祭祀要在临河的圣地举行。前文所述的毕，还有雀——

丁亥卜，贞：翌辛丑，呼雀酌河？　《乙编》三二三〇

——等人参与了这种祀礼，二小臣有时也会出席（《甲编》二六二二）。毕和雀是殷的王族，毕的封地在安阳东南的大河附近，而雀大概是受封于今天的河内温县[①]附近。祭祀在特定之地举行，卜辞中可以见到几个这样的例子，如：

乙巳卜，牵贞：𡨦于河五牛，沈十牛？十月。在鬬。　《前编》二·九·三

鬬（斗）是祭祀河神的圣地。还有称作河宗的祀所，如"贞：于南方，将河宗？"（《续编》一·三八·三），其他还有商（《粹编》四一）、今水（《后编》上·二五·三）等例，另外据《史记·封禅书》所记，秦制是祀于临晋。可能各地都有其圣处。沈十一上是将牛沉入河流之形。另外需要注意的是，河祭当中，以人为牺牲的情况很多。

己巳卜，彭贞：御于河，用羌三十人？贞：五十人？贞：

① 此处的行政区划沿革有误。温县今隶属于河南省焦作市；古称"温"，明清属怀庆府辖。

卯十宰？ 《甲编考释》一〇八

在上例中，占卜用了三十人、五十人的人牲。

辛丑卜：于河（用）妾？ 《后编》上·六·三

如上所述，也会给河神送上妾。臣妾原本是献给神的牺牲。

河之圣地所在，一般认为是靠近河内温地之处。该地的历史沿革，即殷周革命之后，“苏忿生以温（的领主）为司寇，与檀伯达封于河”（《左传》成公十一年），说的是周的王族檀伯达入檀（现在的怀庆济源[1]）地，与苏忿生一起“封于河”。其附近的河滨，恐怕自古便被视为河之圣地。《左传》中记载了很多相关的故事，如投璧于河以发誓的故事（僖公二十四年、襄公三十年）、以璧来祈祷战争获胜的故事（文公十二年、昭公二十四年），等等，临河起誓之时使用了“有如河”（文公十三年、襄公十九年、昭公三十一年）这样的誓词。大概意为“河神明鉴”。有时也会将誓约之书投入河水中，比如“载书在河”（定公十三年）。称河神为“河伯”见于《楚辞·九歌》。河神信仰可能是有神话传承而流传于古民族当中，也及于《楚辞》的时代。

河伯以洛水女神为妻。《楚辞·天问》中歌咏了背叛夏王朝的羿夺去河伯之妻的故事，说“帝降夷（东夷之人）羿，革孽夏民。胡轶（射）夫河伯，而妻彼雒（洛水）嫔？”夷、夏是古时东、

① 此处有误，今济源市是河南省省辖市；明清时期为济源县，属怀庆府。

西两种对立的文化圈，此处羿的传说可能是在讲述夷系当时向河洛之地发展的故事。另外《山海经·大荒东经》中记载有殷的祖先神王亥的故事：

> 王亥托于有易（北方之国名）、河伯仆（驯服）牛。[①]有易杀王亥，取仆牛。河念有易，有易潜出，为国于兽方，食之，名曰摇民。

这可能是古神话中的一个纠纷故事。据说是战国时从魏墓中出土的古代的年代纪《竹书纪年》中，也记载有此事，说王亥客居有易之国时，因淫乱而为有易之君所杀。于是殷王甲微（上甲微）向河伯借师，进攻有易并灭之，可见河伯介入了殷和有易的斗争。这里所说的河伯，一般认为其表示了祭祀河伯的古氏族的存在。像希腊神话一样，氏族间的斗争以神话性的纠葛故事流传了下来。上甲和王亥都是卜辞中所出现的殷代先公，王亥是《大荒东经》中困民国的勾姓之人，“两手操鸟，方食其头”，卜辞中所见的王亥是在鸟形之下加上亥的字，这是按照神话图像的原样将其字形化了。

河十一上，《说文》中认为是可的形声字（按，“从水，可声”），卜文中则从丂。丂是柯枝的形象。以之来呵斥祝告叫可，呵、诃、歌都从可字。也有学说认为丂表示河流弯曲之形，不过想了解当时河水的原委当非易事。另外金文中也有写作从可的字形，都是形声字。在北方，水名中称河是惯例，若是单称河则指黄河。河神不仅

---

① 此处据《山海经校注》（页300）断句，日文原文为「王亥、有易（北方の国名）に託す。河伯、牛を僕（服）せるに、…」，直译则为“王亥托于有易（北方之国名）。河伯仆（驯服）牛，……”。

代表北方河川的诸神，也被归入殷的祖先神系列之中。像“辛未贞：奉禾高祖河？于辛巳酌、燎？”（《摭续》二）这样，称高祖河，还有像“……禘于河？”（《乙编》五七〇七），是将河作为帝来祭祀的例子。河作为殷的祖先神被称作高祖河，接受禘祀，这表示河神的祭祀权完全归于殷王朝。可能以前有遵奉河神祭祀的古族，其圣地成了殷所统治之地。一般认为，殷控制那片圣地的时间，大约是殷向洛阳附近的偃师扩张，并在那里留下了二里头文化的时期，比郑州的二里冈文化还要早。而且殷不仅控制了河之圣地，也将山之圣地——岳收入自己的统治之下。对河、岳圣地的控制，实际上意味着殷王朝的成立。

与河并举，也盛行对岳的祭祀。岳指的是现在的河南嵩山。其古名是嶽。临河南平原而屹立着的嶽，古时是姜姓诸族的圣地，作为其祖先神而受到人们的信仰。《诗·大雅·崧高》中有歌：

> 崧高维嶽，骏极于天。维嶽降神，生甫及申。维申及甫，维周之翰……

甫和申被视为嶽神之裔，另外还有许国，和后来迁入山东的姜姓的齐国，合称姜姓四国，都是嶽神的子孙之国。姜姓诸国和姬姓的周有着悠长的通婚关系，周的始祖就叫姜嫄。传说她踏在巨人的足迹上，生下了后稷弃，这便是感生帝的传说。进入春秋时期，姜姓与姬姓的关系依然极其亲密，《诗·王风·扬之水》就是在歌咏面对南方的楚的威胁，周向申、甫、许诸国派遣防人进行防卫的事。

《书·尧典》中出现的四岳，原本便是嶽神的子孙，嶽是其圣地。

《左传》中有“姜，大嶽之后也”（庄公二十二年）、“许，大嶽之胤也”（隐公十一年），其神是伯夷。《国语·郑语》中还有“姜，伯夷之后也”的说法。作为许的始祖，许由之名广为流传。伯夷的夷，其发音和许由的由相近，其名又称皋陶、伯阳、柏翳（杨宽《中国上古史导论》第十三篇，收于《古史辨》第七册上编）。据《史记·夏本纪》记载，皋陶也被视为许的始祖，这些都属于同一系的传说。对周武王东伐进行劝谏的伯夷、叔齐的故事，大概便是反映出了以嵩山为圣地、居住在附近的姜姓之人不同意和自己有通婚关系的周进行东征这一史实。姜姓诸族恐怕原本是羌族。根据卜文记载，羌人与今天的西藏，或者是“西南夷”诸族相类，都是辫发之族。《蛮书·蛮夷风俗第八》中记载，西南夷诸族的男子用头囊，女子则以两股的簪来固定辫发。[①]他们是古时生活在河南的西部，后来逐渐被驱逐而逃到边境的那些先民的子孙。

嶽神的祭祀也很盛大。其祭仪中与对河神的祭祀形式相同的内容有很多，祭仪的目的，是祈求年谷丰稔、风雨和顺和获得祐助。为此有时要派遣祭祀的使者。

> 癸巳……于⿱⺈丂土、河、岳？　《粹编》五六
>
> ……卜：今日，舞河眔岳？　《粹编》五一
>
> 岳眔河彭，王受祐又？　《后编》上·二〇·一〇
>
> 癸未卜，牵贞：燹于土，桒于岳？　《乙编》七七七九

① 据樊绰《蛮书》（十卷，武英殿聚珍版原本），丈夫“总发于脑后为一髻，即取头囊都包裹头髻上结之”，妇人“两股，辫其发为髻”。

等等，像这样将河与土合祀的例子也有很多。有在三门祭祀岳神的卜辞（《后编》下·三六·三），可能是在陕县附近的底柱山。为了对其祭祀，设立了同于河宗的岳宗（《甲编》七七九），也要以女子作为牺牲（《京大》七一一），与祭祀河神的情形相同。

卜片中，除了卜辞，也偶尔会刻有绘画类的图像。董作宾的《殷虚文字甲编》二三三六编号甲骨上就画有图像（见下图）。上段画有兽在山上，那兽好像是长毛的羊；图画左边的猪嘴兽，也有人说是高祖王亥，但是王亥在卜文中是在鸟的下面画上亥，在《山海经》中也被记载作食鸟的神像；图画中央的兽有着和下文所述的另一片甲骨上的虎形（见下页图）相似的虎头，但是下半部分则不同；右边则是卜辞中屡屡得见的夒，或者被释作夓，这恐怕是高祖夒，后来被称作帝喾；下段是凤形的鸟，应是诸神的使者；右下有“甲子……”之文，惜已残缺。

《甲编》二三三六

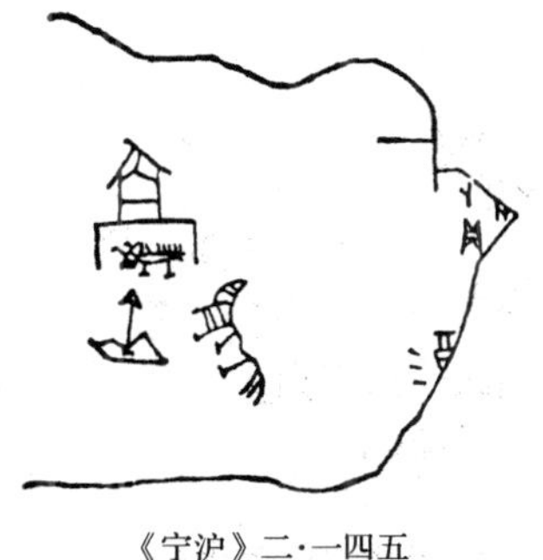

《宁沪》二·一四五

还有胡厚宣《战后宁沪新获甲骨集》（1951年）卷二第一四五号甲骨（见上图）上，在高字形的下面加有兽形，再下面是射之形，右下是虎形，不过很难把握图像的整体含义。如果认为这描绘的是神像，那么《甲编》二三三六号甲骨上的图画上部可能就是岳神，可以认为岳被表记为羊的正面之形。

岳神的子孙即姜姓诸侯，当时居住在从河南西部绵延到南部的山陵地带，而从其南边的伏牛山脉到桐柏山脉附近，则居住着被称作南人的苗族，两族之间争斗不断。古代这种氏族间的斗争以神话的形式呈现出来。《书·吕刑》便传承了这一神话。在中国，神话常常被经典化，而原本的面貌被改换遂埋没了。

《吕刑》说，刑法的起源乃是由于羌、苗二族的斗争。过去蚩尤作乱，因此苗民也不畏神威，作五虐之刑，滥用肉体刑罚，使上帝震怒，从而受到了严厉的惩罚。在此之前世界是统一的，神与人可以自由来往，但是帝命重、黎将天、地隔绝，重治理天，黎治理地。这被认为是一种天地开辟的传说。另外，帝命伯夷制定新的明刑，指导黎民。然后详细描述了了五等之罚的制定和审判的方法。这就是被称为“伯夷典刑”的刑法起源的传说。以该传说为基础，在被认为是成书于战国中期以后的《书》的虞夏之书部分中，加进了伯夷或是皋陶，或者是四岳的故事。

古时所说的《尧典》一篇，其下半部分后来分离出来成了《舜典》，而尧让位于舜之时的事就记载于《舜典》中。此时推戴舜的是四岳。另外在命禹治理洪水之后，也是以四岳的推荐而由伯夷担任秩宗，确定秩序。在接下来记述禹治水功绩的《大禹谟》中，认为这是由皋陶来施行的，记述道，广布文德而兴歌舞，“七旬有苗格”，即使苗族归服。下一篇《皋陶谟》，说皋陶受禹之命，定五礼，制五刑。在接下来的《益稷》中也认为皋陶制作了象征性的刑罚，苗族也服从于其规定。其中，《大禹谟》被认为是后来所造的伪书，不过这些无疑都是伯夷典刑的异传，而《吕刑》是其原典。禹十四下是洪水传说中的神，其字表示的是由虫组合成的龙身。禹被视为夏王朝的始祖，而夏应该是表示古来西北系的种族之语。《大禹谟》后面讲述了伯夷、皋陶等的典刑传说，由此可知姜姓的文化拥有着极其悠久的传承。

羌四上，《说文》言“西戎，牧羊人也”，是由羊和人组合成的字。南方的“蛮闽”从虫，北方的狄从犬，东方的貉从豸，西方的羌从羊，都是“异种”，不过蛮在金文中是䜌，北方的玁（狎）狁也写作厰允，可见这不过是后世的中华思想生出的说法而已。羌人的圣地是岳。《说文》中举出嶽九下，认为是五嶽的总称①，而卜文中作岳，表记为羊在山上之形。在上文所述的神像图中所见者应该是字形化了

① 嶽，东岱，南霍，西华，北恒，中泰室，王者之所以巡狩所至。（《说文解字》页188）

的。事实上羌人可能是牧羊人，在古时，他们作为中原的拥有实力的种族，与夷系的殷、狄系的夏、南方的苗共同占据河南之地，展开了反复的角逐。而后羌、苗的对立为以《吕刑》为代表的《舜典》《益稷》《皋陶谟》诸篇的产生提供了基础素材。现在的汉族，是由孤立的苗系之外的其他三者混合而形成的。杨树达氏在《积微居小学述林》中，以羌从羊，羊有善之义，而认为将羌人称为西戎是因为他们的尚武之风，现在的汉族便是这羌人之后，即倡导汉族西戎说，不过他们现在被逐入西藏，或是一直彷徨在西南部深险的边境。另外还有史禄国（Shirokogorov）的观点，他认为殷人属于通古斯族，但是殷是沿海系的夷族，其文化其实遗存于宋楚之地。

羌似乎是温和的种族。据说被视为姜姓之祖的伯夷因为反对周的武力革命而饿死在首阳山，还有许由辞绝了尧的禅让，在颍水河畔洗耳，隐居世外。战国的文献中都将他们记载作隐逸之人而流传下来。羌人并没有像姜姓四国之人那样过着定居生活，其大部分一直在西方的山陵地带过着牧羊族的流浪生活。殷人将他们视为异族，用作牺牲，所以羌人屡屡成为捕获的对象。

在卜辞中获羌、来羌、以羌等语很常见：

> 甲寅卜，穷贞：在昜牧，获羌？　《遗珠》七五八
>
> 在北史获羌？　《丙编》二

这类卜辞都是对在所在之地能否捕获羌人之事进行占卜。北史就是北御史卫，所以一部分羌人应该也生活在河内（按，黄河以北）地区。获原本是捕鸟之形，所以指擒获鸟兽，后来也用作俘获异族之义。

为了捕获羌人要动员所在地的氏族，而捕获之人要致送到殷都。

弗来（赉）五十羌？ 《缀合》一二二

望乘（氏族之名）以羌？ 《摭续》三四

上引卜辞中所说的就是这类致送，王亲自迎接，接受“贡物”。以十四下是耜的象形字，但是被假借去用作率以之字。

壬戌贞：王逆畢以羌？ | 于滴，王逆以羌？ | 立（涖）于宗门逆羌？ 《甲编》八九六

立于南门逆羌？ 《南北》明·七三〇

等等，记载有这种仪礼的卜辞非常多。逆二下的字形是人从对面来，而迎接之。

羌人被当作祭祀的牺牲，以“用三百羌于丁（祖名）？”（《续编》二·一六·三）为代表，有百羌、五十羌、三十羌、二十羌等语，其数目庞大。另外，在一些卜辞中，将羌人与兽牲并用，如：

丁丑贞：其（用）五十羌、卯三牢？ 《粹编》五〇五

壬申卜，㱿贞：（用）五羌、卯五牛？ 《后编》上·二七·二

因此郭沫若（《粹编》一九〇）将羌释为狗，但在卜辞中，像“羌五十人”（《南北》明·五三八）、“羌十人”（《粹编》四一二、《林》二·一三·二）这样，很明确地将羌称为人。其作为牺牲，处理方

法有很多用的是“用”“伐”。用三下是栅栏之形，成为牺牲之意。伐八上则是斩首；将二人置于戈上之形是𢦔十二下，是殲（歼）四下的初文。卜文中有在羌人上加上戈的字形。作为人身牺牲，羌人是用作伐牲对象的首选。如下面的卜文所述，

乙卯卜，行贞：王宾祖乙，又（侑）伐羌十又五，卯二宰，亡尤？在十月。《续存》一·一四九九

羌人主要被用于祖祭，在殷的陵墓宫庙中发现了合计有数千人的断首葬。都是身首分开，每十个埋于一个坑，排成两列，有的可达数十、数百个；如此大量的牺牲，从卜辞资料中看，只能是羌人。这是嶽神的子孙们的命运。后来嶽神的祭祀权被殷王朝夺取，嶽神与土、河一起也加入殷的高祖之列。古代的政治统治就是通过掠取信仰和祭仪的方法来施行的，上述的河、岳之祭便极其显著地体现了这一点。

四凶之地

《书·吕命》[①]中提到的与羌族一直有矛盾的还有三苗，在卜辞中应该是叫作南的种族。南人也和羌人一起，在殷人的祭祀中被当作异族牺牲，卜辞中有以下用法：

---

① 即《书·吕刑》。

丁巳卜，穷贞：尞于王亥十南，卯十牛、三南，告？《外编》八

㞢（侑）于祖辛八南？ | 㞢九南于祖辛？ 《林》一·二二·一五

也可见到像“三南三羌”（《京津》六〇九）这样将两者并举的例子。

南六下，《说文》言“草木至南方有枝任也”，任有长养之意，但是文意并不明确。古时有“南任”之语，《汉书·律历志》中有“太阳者，南方南任也”[①]这样的说法。南任原本是苗人所用的乐器之名，也叫南，《诗·小雅·鼓钟》“以雅以南”之句中所说的雅、南，都指乐器。楚钟中有“南龢钟”，南是与钟的器制相似的器物。《诗》郑玄笺说“南，南夷之乐也”，南人一系的仲家[②]称铜鼓为南任（Nan-yen）。南是南任的略语，南的字形是铜鼓的象形。卜辞中所见的贞人㱿，就写作鼓南之形。在卜文中也能看到鼓上添加有美丽的羽饰的字形。同样是悬系起来使用的乐器还有磬、鼓。磬九下的初文是殸，在鼓殸之形上添加石便是磬，其音叫聲（声）。鼓五上也是鼓壴的字形，其声叫彭五上。铜鼓的声音非常清亮，据说可以穿过山谷传达数里之远。

铜鼓的应用非常广泛，普及于从江南到云南、安南（按，越南古名），乃至西南诸岛的广大区域。第一号形式的铜鼓最大，制作也精良，其后到第四号形式，随着南下，形式也退化了，变得简略。[③]恐怕在南人生活于江北的殷代，仍然是在木构架上覆盖上

---

① 这句话也断句为“大（太）阳者，南方。南，任也”。（见《汉书》，〔汉〕班固撰，中华书局，1962年，页971）

② 仲家，布依族和云南省部分壮族的旧称。

③ 原文如此，略去了背景性内容；这里作者将铜鼓分为一～四号的形式，应是按照弗朗

皮做成鼓，将其系到木上使用。后来则逐渐用青铜制作鼓了。传说东汉伏波将军马援南征之时，带去了制作铜鼓的方法，但是在卜文中叫作南之器者其器制自古便有，而且这种乐器曾经还被奉作南人的圣器，所以是他们固有的文化。因此殷人就以该器之名来称呼南人，而且将南方之意也用南字来表记。形式最古老的铜鼓，出土于湖南、江西、四川，江西今天还保留有铜鼓县的地名。

第一号形式的青铜鼓

（第一号形式的青铜鼓，器上配有四只蛙，鼓面以及腹部有着非常细密的刻画纹样。用绳索穿过鼓上的两环，将其系到木上，即是南的字形，㱿则是鼓南之形。该器无底，击其鼓面即发出清亮之音。殷代的南人可能使用的是张有皮的鼓，今天所保留下来的铜鼓是东周以后的形式。）

茨·黑格尔（F. Heger）在《东南亚古代金属鼓》中将一切铜鼓分为4个主要形式（以及3个过渡形式）的分类方法。（可参考《四川大学历史博物馆所藏古铜鼓考·铜鼓续考》，闻宥著，巴蜀书社，2004年）

铜鼓的纹样

（上图为安南出土的铜鼓，其鼓面以中央的阳光为中心，配有好几层的纹样。鼓体、鼓足部分也有纹样。为了明确鼓面的纹样，这里引用了闻宥氏编《古铜鼓图录》的铜鼓第七、第十三图。）

这件出土器像我国的铜铎一样，被郑重恭谨地埋匿起来，用于祭祀仪礼中，或是报告有危难的紧急时刻。在鼓面上，边缘处饰有四只蛙，中央是星形的太阳，从中发射出十几条代表光的放射状线。春耕时挖掘铜鼓，首先露出来的就是阳光和四蛙，这恐怕是和我国的铜铎相似的圣器。[①]

苗族拥有古老的文化，也有神话流传。据萨维纳师[②]所记录的苗族传承，很久以前，天塔崩、诸族离散之时，苗族人逃到了苦寒、将一年二分作昼夜的小人之地，不久又移居到了河南。苗的原语Hmlao是人的意思，似乎有以他们为主人公的神话。像盘古的传

① 日本有铜铎崇拜。这里涉及日本的埋藏铜铎的祭祀仪礼，有观点认为这可能是弥生时代每年所进行的农耕神事之一。（可参考《日本考古学概论》（连载之六），小林行雄著，韩钊、李自智译，《考古与文物》1997年第4期）

② François Marie Savina（1876—1941），法国人，天主教牧师、人类学家。著有《苗族史》等。

说之类也是其中之一。

盘古传说可能是南人当中流传的天地开辟传说。《三五历记》中记载，天地浑沌如鸡子之时，盘古生于其中。天、地和盘古日长一丈，直至一万八千岁，形成了如今天地间的模样，就此固定下来了。另外还流传着化生传说，即由这巨人盘古的尸体而首先生成了日月山川，其气则化为风雷，毛发化为草木。这种形态的传说经由朝鲜半岛也传到了我国，产生了以迦具土神为化生神的故事。

南人后来在与羌族的斗争中败北，如《书·吕刑》所记载的“遏绝苗民，无世在下”那样被流放，从江北迁到了江南。另外如《战国策·魏策一》中所说，“昔者三苗之居，左彭蠡（湖名）之波，右有洞庭（湖名）之水”[①]，苗族在某一时期居于江西、湖南之地。可能在出土第一号形式铜鼓的地区，在那一时期是以青铜来进行铸造的。自那以后，受到历代中原政权的抑制，现在苗人居住在贵州，但在古时苗人与殷周以及姜姓并列，是中原地区的古族。其中一系溪族[②]，现在仍在武陵山中恪守自治，一直过着武陵桃源的生活。陶渊明之祖陶侃，是晋代大将军，威权赫赫，但被人骂作溪狗，对王位的期望也破灭了。驰骋着陶渊明的超世思想的《桃花源记》，或者就是对这武陵“溪蛮”世界的描绘。

溪族还有盘瓠的传说。据《后汉书·南蛮传》记载，从前高辛氏之时，犬戎作乱，帝苦于将其平定，于是立下约定，斩获贼将之首者将女儿许配于他。帝身边饲养有一只五彩之毛的狗，叫盘瓠，

① 参照《战国策》，〔西汉〕刘向集录，上海古籍出版社，1985年，页782。

② 也作“奚族”。

那天夜里突然消失，不久就衔敌将之首而归。依约娶得帝女的盘瓠，背着帝女进入南山的石室，子孙繁衍，成为长沙武陵的溪族。溪族现在还祭祀着犬首的神像，在祭祀中作犬之状而饮食。归明、山獠、犵獠等也被视为是同样的种族，在其地域有很多盘瓠的碑。从吴楚到南海，也有许多巨人盘古的祠堂，江南之地原本就是南人活动的舞台。

苗族的主力后来被放逐到西南部的山河重重之地，《书·尧典》中记载了将恶神流放到四方的仪礼，说“窜三苗于三危”。一般认为他们被赶到了西边，不过实际上被赶到西边的，应该是战胜了三苗的羌族。中原归汉族控制，而有了将四凶作为边裔之咒镇的四凶流放的传说，并将其写入经典中，即《尧典》以下的诸篇。已经获得了河、岳的祭祀权的封建王朝，将尧也加入祖先神的体系，同时将“不归顺”的邪神流放到四裔，构成了经典当中的中华和边裔、光明和黑暗的世界图像。古代文字便在这样的过程之中诞生了。

在介绍四凶流放的传说之前，需要简单地提及一下《书·尧典》的构成。因为在《尧典》的记载中，很多古代神话都改头换面，变成了古帝王的传说。最早指出这一点的，是马伯乐。马伯乐在《书经中的神话》中，举出了羲和传说、洪水传说以及重黎的开辟传说。羲和是太阳的御者，可见于《山海经》和《楚辞》的《离骚》《天问》中[①]，不过在《尧典》中则是羲仲、羲叔、和仲、和叔四人，

---

①《山海经·大荒南经》曰“有羲和之国。有女子名曰羲和，方浴日于甘渊。羲和者，帝俊之妻，生十日”。《离骚》曰“吾令羲和弭节兮，望崦嵫而勿迫”，《天问》曰“羲和之未扬，若华何光？”，王逸注皆曰“羲和，日御也”。

作为四方之官而司掌行政。洪水传说作为禹和共工的故事而流传下来，但在《尧典》中共工治水失败，成为被流放四裔的四凶之一。另外重黎传说就是《吕刑》所记载的天地开辟传说，不过以苗族的盘古传说为代表，在南中国的未开化诸族当中也有很多相同类型的故事。马伯乐采用比较神话学的方法对此类经典的成立、对文本的批判性研究，给中国的研究者带来了非常大的冲击、碰撞，其后通过对甲骨文、金文的研究，获得了不少新的见解。《尧典》中羲和仲叔的传说，调和了太阳御者羲和与卜辞中所见的四方风神的传承。《尧典》中，说尧"协和万邦"，随后关于四方的治政是这样说的：

乃命羲和，钦若昊天，历象日月星辰，敬授人（民）时（历）。

分命羲仲，宅嵎夷，曰旸谷。寅宾出日，平秩（管理）东作（春耕）。日中，星鸟（星宿之名），以殷仲春。厥民析，鸟兽孳尾（交尾）。

申命羲叔，宅南交，曰明都。平秩南讹（化），敬致。日永，星火（星宿），以正仲夏。厥民因，鸟兽希革（拔毛）。

分命和仲，宅西，曰昧谷。寅饯纳日，平秩西成（秋季收获）。宵中，星虚（星宿），以殷仲秋。厥民夷，鸟兽毛毨（取毛[①]）。

申命和叔，宅朔方（北），曰幽都。平在朔易。日短，星昴（星宿），以正仲冬。厥民隩，鸟兽氄毛（密毛）。

---

① 毨，据《尚书正义》，孔安国传曰"毨，理也，毛更生整理"，孔颖达疏引《说文》云"仲秋鸟兽毛盛，可选取以为器用也"。（《十三经注疏·尚书正义》，〔汉〕孔安国传，〔唐〕孔颖达疏，廖明春、陈明整理，吕绍纲审定，北京大学出版社，1999年，页30）

> 帝曰："咨！汝羲暨和。期三百有六旬有六日，以闰月定四时，成岁。允厘百工，庶绩咸熙。"①

马伯乐指出，羲和所治之地与太阳绕行之地一致，羲和仲叔的传说就是从太阳传说改变而来的。上面的引文，各条中讲民与鸟兽的末二句，虽然一直不甚清楚其具体含义，但无疑是出自四方风神之名的附会之文。正如前文所述，卜辞中有四方的方神和风神之名，东是析、劦，南是夾、㞷，西是夷、彝，北是囗、殴。"厥民析"是东方的方神析，"厥民夷"是西方的方神夷。另外，"厥民因"相当于《山海经·大荒南经》中的方神因乎②。各个神名都是叙述民的状态之语并被动词化了，而之所以用鸟兽之状来叙述，则可能是因为风神的风（風）是鸟形，所以将风神之名误解成了鸟兽之意。这一知识并不是从卜辞中直接得到的，而是以《山海经》等传承为媒介而获得的。

《尧典》中含有姜姓的神话传承，这点前文已经论及。伯夷原本是嶽神，是姜姓之祖。皋陶不过是其异名，《书·尧典》以下又重复地加入了伯夷和皋陶的典刑传说。③《尧典》中，在典刑传说之前，讲了舜祭祀完上帝和山川群神之后，制定了象征性刑罚的原理④，随后放逐了四凶的事迹。其中，三苗和共工也在流放之列，

① 可参照《十三经注疏·尚书正义》页28～31。

②《大荒南经》曰"有神名曰因因乎，南方曰因乎，夸风曰乎民，处南极以出入风"（《山海经校注》页315）。

③ 据《尧典》，帝曰："皋陶，蛮夷猾夏，寇贼奸宄，汝作士。五刑有服，五服三就。五流有宅，五宅三居。惟明克允。"又，帝曰："咨！四岳，有能典朕三礼？"佥曰："伯夷。"帝曰："俞，咨！伯，汝作秩宗。夙夜惟寅，直哉惟清。"（《十三经注疏·尚书正义》页75、78）

④《尧典》原文说，"肆类于上帝，禋于六宗，望于山川，遍于群神"；"象以典刑，流宥五

即“流共工于幽州（北），放驩兜于崇山（南），窜三苗于三危（西），殛鲧于羽山（东）：四罪而天下咸服”，这便是四凶流放的传说。《左传》文公十八年中说，舜将浑敦（驩兜）、穷奇（共工）、梼杌（鲧）、饕餮流放到四裔，“以御螭魅”，也是四凶流放的传说。[①]羌族和南人作为异族牺牲被杀，多施行断首葬，另外在边境施行断首祭枭之事，以邪灵来防御螭魅，这些都是以此类神话为背景，作为其实修而施行的仪礼。文字就是作为这种实修仪礼的形象而诞生的。

四凶都被视为具有恶兽之形的怪物：浑敦住在天山，六足四翼；穷奇是西北之兽，似牛而有翼；梼杌似虎，人面猪牙；饕餮则是牛身人面，目在腋下。这可以说是与四灵的观念有着密不可分的关联。苍龙（东）、白虎（西）、朱雀（南）、鼋蛇（北）被认为是其咒镇而守护着四方，不过这种观念的形成似乎要迟至秦汉时期。《楚辞》的《招魂》《大招》中，描写了四海的骇人世界，而寻求魂的归来。《招魂》里说，东方有千仞长之人，是索求人的魂而食之的怪物，那里是十日并出、金石亦铄的灼热世界。南方之人雕题（额头上刺青）黑齿，食人肉；还有“封（大）狐千里”“雄虺九首”，将人吞下。西方流沙千里，让人迷失而无法逃脱，有大象一般大的赤蚁（蚁）和如壶一样的玄蠭（蜂）来侵袭人。北方则是飞雪千里、冰山巍峨、连绵不绝。天上有“虎豹九关”，还有“一夫九首”，地下幽都有土伯，他三目虎头，身如牛，皆好食人。四方上下，都是由这些怪异的恶神所控制的世界。四海即四晦，皆

刑，鞭作官刑，扑作教刑，金作赎刑。眚灾肆赦，怙终贼刑”。（《十三经注疏·尚书正义》页54、55、65）

① 详见《春秋左传注》页638～641。

是晦冥黑暗的世界。

这样的世界图景，在《山海经》和《楚辞·天问》等，还有汉代画像石中都有描绘，到后来也开始左右人们的精神生活。文字形成之时，人们处于那样的神话之中，以神话为依据而施行各种实修仪礼，皆有其相应的原理，以此而建立了生活的秩序。以断首祭枭为代表，今天看来让人觉得怪异的各种咒术，总的来说也是在这样的世界图景当中实施的。因此，思考古代的文字，不单单要解释文字的形象，即不仅是六书等构造法，还要懂得依据融即原理来探求其形象的意味，并进一步理解以仪礼和咒术为根底的神话性思维的世界，由此才能将文字与其精神基础相结合。为此，特别设立了这一章。

第四章

异神之怖

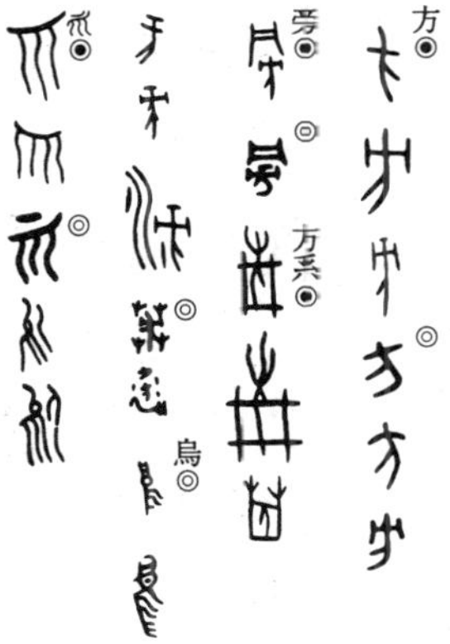

辺◎

4–3

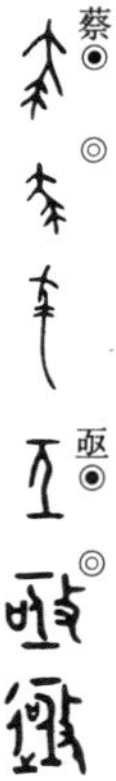

蔡◉

◎

亟◉

◎

4–4

白◉

◎

百◉

◎

霸◎

革◎

敖◉

◎

敫系◎

敫◎

4–2

方◉

◎

旁◉

◎

方兵◉

◎

烏◎

𠂢◉

◎

4–1

氏◎ 氏系◉ 是◎ 斗◎ 升◉ ◎

族◉ ◎ 矢◉ ◎ 智◉ ◎

4–7

高◉ ◎ 亯◉ ◎ 亯系◉ 辜◉ ◎

稾◉ ◎ 問◉ ◎ 喬◎ 蒿◎

4–6

義京◉ 京◉ ◎

京系◉

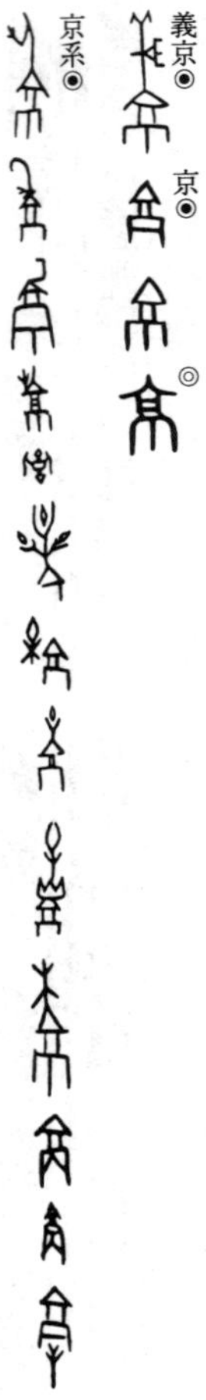

4–5

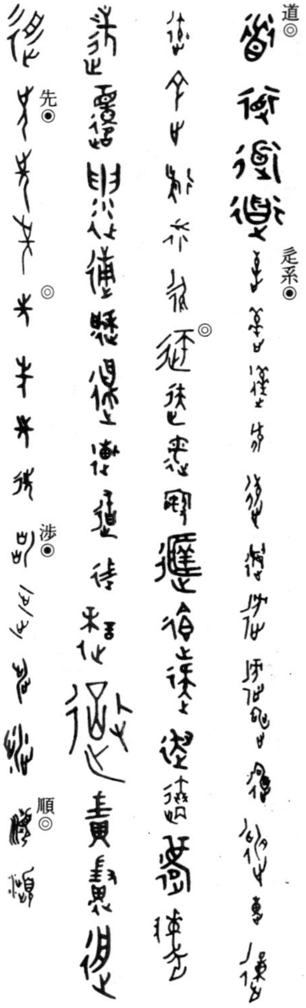

道◎

辵系◉

◎

先◉

◎

涉◉

順◎

4–9

誓◎

折◉

◎

侯◉

◎

㫃◉

◎

㫃系◉

◎

斿◉

◎

旅◉

◎

4–8

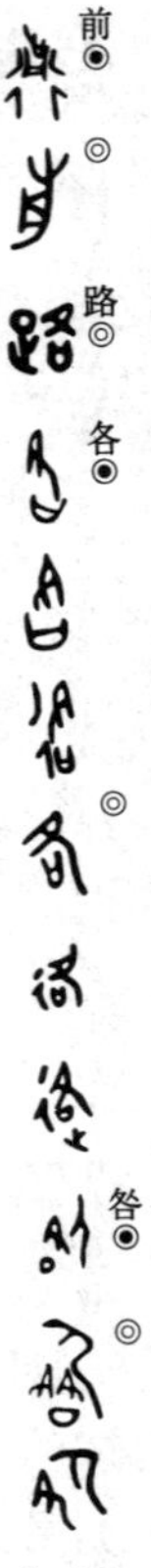

往

得

遺

4–14

通

商

賞

4–13

途

4–11

敘

述(遂)

獸首之架

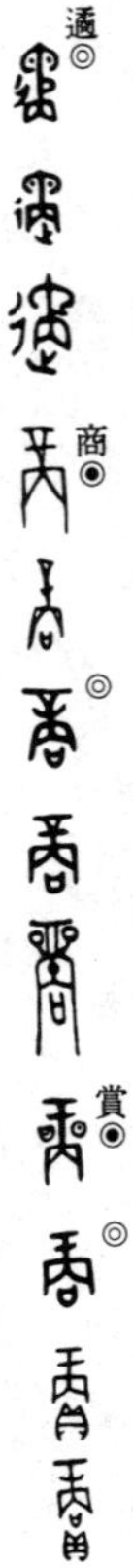

4–12

前

路

各

咎

4–10

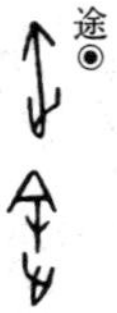

用

用系

箙

繇

4–16

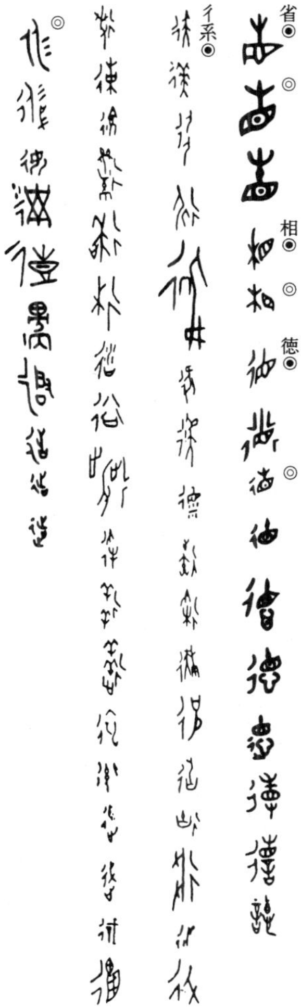

省

相

德

彳系

4–15

断首祭枭

从南亚直至广阔的太平洋圈都盛行着猎头的习俗，特别是中国台湾的泰雅族（Atayal）等族在本世纪（按，20世纪）初仍然存在猎头这种可怕的野蛮风俗。但是被我们视为野蛮的风俗，很多都曾有其相应的理由，而被视作严肃的行事，而且对于今天的文化民族来说，在其古代的习俗中也屡见相同之事。中国大陆的诸族也曾经有过这样的习俗，我们通过古文字学的方法可以追迹得到，也可以知悉这样的事实，即从很早起就同众多异族接触的中原诸族，对于异族神的怖畏可以说是一直在心底深深地流淌着的。

殷将外族之邦称为方。卜辞中有方、土方、𢀛方、羌方、召方、马方、龚方、尸方等，西周时期的金文还有不廷方（不归顺的外邦）、蛮方等称呼。属于游牧民族的羌人似乎还成立了小型的部族国家，甲骨文中有像“羌二方伯，其用于祖丁、父甲？”（《善斋》一四四三）这样的辞例。所谓二方伯应该是指酋长们。召方在武丁时期是殷的盟国，在一个时期也被称作“西史召”，但是后来叛离，于是可见召方之名。

方八下指的是圈外（按，满足一定条件的范围之外），意思是外族。《说文》中将方看作舫船之形[①]，不过字形有异，因此也有学说认为是耜之形、将刀悬起之形等。但是所悬的其实并非刀，而是人。方字还与旁一上通用，在金文中有称四方为四旁的例子。方的字形是把人杀死而架在搭成⊢形的木头上，可以说是与“桀”相似的字。桀五下，如《说文》所言“磔也”，是磔的初文。而对于磔五下，《说文》训为“辜也”“石声”，不过《周礼》春官的“大宗伯”中云“以疈辜（将牲体之皮披磔）祭四方百物”，说的是将犬牲披磔以御防风蛊（风所带来的邪气）。所谓磔，可以说是“磔刑（はりつけ）”[②]，桀就是将人施以磔刑的字形，即木上边左右各悬着人。这又叫枭六上。《说文》中言“枭，不孝鸟也。日至（夏至），捕枭磔之。（从鸟头在木上）”，在汉代，有夏至日要作枭羹来赏赐百官之礼。但是其字是将鸟杀死、悬于木上之象，恐怕是在鸟害多的地方，通过将死鸟悬于树枝上以起到恐吓的作用。现在仍有地域实行这种习俗。烏（乌）四上，《说文》言“孝鸟也”，与此相对，枭则被说是“不孝鸟也”，之所以如此，可能是因为有俗说认为乌有三哺之恩，而枭长大后要吃掉其母，这里所言的枭是鸱鸮之属。而与木结合成枭的大概是乌。《说文》举出了“乌”的古文字形“於”[③]，与大盂鼎上的金文中的叹词〔古文字形〕字形相近。乌、於都用

---

①《说文解字》（页174），云“并船也。象两舟省總（总）头形”。

② 磔，作为刑罚时，指车裂的酷刑，是中国古代分裂肢体之刑；也可以指禳祭，即分裂牲体以祭祀鬼神。（可参看《汉语大字典》“磔”字条）。而日本的磔刑，是其古代的一种刑罚，把人绑在柱子上用矛刺死。

③《说文解字注》引《说文》“乌”字条曰：“孝鸟也。象形。孔子曰：‘乌，亏呼也。’取其助气，故以为乌呼。凡乌之属皆从乌。”于“乌，亏呼也”一句，段玉裁注曰：亏，各本作盱，今正。亏，於也，象气之舒。亏呼者，谓此鸟善舒气自叫，故谓之乌。（详见《说文解字注》页157）

作叹词，与金文的𠂤皆为同系之字，於、𠂤是乌解羽之象，其字形为用绳子等物将其羽毛悬在一起，因此为枭字。乌的字形在金文中也是死乌之象，写作失去了生气之形。

桀、磔、枭的字形是将牲体或鸟羽悬于木上、绳子上，而方是将人的尸体架在横木上的字形。在猎头的习俗中，将首级挂在木上，或者悬到柱子上，再施加种种咒饰，而举行祭祀仪礼，不过在殷代也会将方伯的头颅以白骨之形保存起来，并在其上记录下其名字和所用于的祭祀仪礼等，在刻文之处再施加朱。与甲骨卜片一起，这种人头刻辞也出土了若干，当时似乎是认为敌酋的头骨具有特别卓越的咒能。在狩猎中获得的兽牲，也会在其上刻上同样内容的文辞而保存起来。

白七下，《说文》中尝试用阴阳五行说来解释，认为是“西方色也”，字形由入和二构成，表示阴数[①]，但其字形是头颅的形象，是伯的初文；此外也指白色。也有学说认为白是拇、拇指的指甲的形状，不过那是从百的字形进行类推而得出的结论。数字方面，五以上全是假借，百字可能也是使用了白字的声。伯八上与霸（覇）的声、义相同，五霸也叫五伯。霸七上的初文是霸十一下。霸字表示的是被雨打湿的兽之革三下，指皮革曝露在外而颜色变白。因失去生气的白色与月色相似，故称月色为“霸”。霸的字形是霸加上月。金文中根据月的盈亏之相将每月四分，名之以初吉、既生霸、既望、既死霸，之所以这样说，是因为初吉的吉是指初始的阶段，月之形终于显现出来，既生霸则指的是月的形态超过了半弦。望

① 白，西方色也。阴用事，物色白。从入合二。二，阴数。（《说文解字》页157）

是满月，望之后是既望，月亮的形态又开始从半弦减退，叫既死霸。白、伯、霸之语属于一系。

将人架在横木上的方字，原本是种“咒禁”，即驱逐邪恶的方法。放四下，《说文》言“逐也”，但是逐是追逐兽畜之意，与“放”并非同义。放字是方加上攴，是殴打死尸以放逐邪灵的仪礼，在《尚书》的“四凶放窜”中说到“放驩兜于崇山”，这里放字表示的是放逐的咒仪。这是在与异族的边界上举行的祓邪仪礼。这种仪礼若是在神灵陟降的圣梯（是为“𠂤”字）之前举行，就是防十四下字之意。架起尸体，以之为圣域的咒禁，可以认为这同“生蕃”诸族间所保留的遗习——髑髅棚（どくろだな）是同样的风俗。

放是架尸而殴打之象，比如说将长发的老人架起则是敖四下。该字中，方的上部是长发飘扬之形。《说文》中有训释曰“出游也”，是因为有敖游之语[①]。敖有傲慢、戏谑、侮辱等训义。将长发之人架起来进行殴打，应该是对敌方最大的侮辱了。《诗·齐风·载驱》等所见的游敖之语（按，“齐子游敖”），是其原本的意思，即军事性的示威行为。以放作为要素的文字中，很多都具有驱使死灵的咒能这样一种咒术性的意味。

微（微）二下与敖字在构造上有相似之处。其初文可能是𢼸（𢼸）八上。《说文》中认为𢼸字是“妙也”“豈省声”。豈五上是凯旋之时所使用的有羽饰的鼓的象形字，其羽饰与𢼸的左上部分应为同形；而𢼸字的这部分与長（长）的上部相同，这和敖与老的上部同形是相似的构造。敖字是老人被架起的尸体之形；与此相

① 敖，出游也。从出，从放。（《说文解字》页79）

对，散字可能是殴打年轻的巫女之形，微是上述之事在道路上进行之形，即是公开处刑。《说文》认为微是“隐行也”，即微行（按，改装出行）之意，但是该字是对巫女公开处刑，通过这种手段可以使与之对立的巫所做出的诅咒归于无效。所以对于微有“微(な)し”之训，意思是使其咒能变得无力。表示将同样代表巫女的“媚”置于戈上而杀害之形的文字有蔑四上。[①]《说文》说“蔑，劳目无精也”，认为其字从戍，不过蔑的初文作蔑，仍训为“なし”（按，无之意）。微和蔑构造也相似，是声义相近的字。媚是施行一种叫作媚蛊的咒术的巫女，关于这点我们将在第五章论述。

在放字的上部加上表示头颅之骨的白就成了敫八下，《说文》将该字写作敫，认为是“所謌（歌）也。从欠，噭省声。读若叫呼之叫”，不过如果这样的话，噭二上的初文应该作敫字。敫另外也和放字相同，是将尸体架起来殴打之形，所以其字表示的是祭枭的习俗。《说文》中还在放部四下举出了敫字，解说道“光景流也”[②]“从白从放，读若龠”，与欶是不同的字。认为是白光流行之状，所以应该有白之义。即皦白之意。但是从字形来看，皦七下指的是头颅之白。《说文》中说“皦，玉石之白也”，而《诗·王风·大车》中立誓表明自己对爱情的忠贞不渝时说“有若[③]/皦日”（「皦日の若(ごと)きあり」），该句的正确说法应该是“有/若皦日”（「若(こ)の

---

① “媚，说也。从女，𥄉（眉）声。”“蔑，劳目无精也。从苜，人劳则蔑然；从戍。”（《说文解字》页261、272）

② 段玉裁《说文解字注》（页150）曰：“敫，光景流皃（貌）。”注曰：“皃，各本作也”“谓光景流行，煜耀昭箸（著）”。

③《毛诗正义》作“有如皦日”（《十三经注疏·毛诗正义》，〔汉〕毛亨传，〔汉〕郑玄笺，〔唐〕孔颖达疏，北京大学出版社，1999年，页270）。

皦日あり」)，指的是对白日发的誓言，这在《左传》的许多誓约之辞中也可见到。《说文》释敫为“光景流也”，其实是皦字之义。敫与放同是殴打尸骨之形，其声则为噭[①]。歊可能是基于对着架起来的尸体叫呼而歌之意所创造的字，如果这是事实的话，那么该字应该是对着被架起来的尸体进行呵斥之意。

殴打化为白骨的头颅一定属于某种咒术行为。猎头行为(「首狩り」)的目的主要是获得保护灵。因此，对于新获的首级，在祝宴之后会举行郑重的祭首之礼，而为了让那灵升天，泰雅族也会准备圣梯。在狩猎等时候，会特地进行祈愿，而且为了刺激尸灵，还要尝试种种方法。这种仪礼若是在出发之际举行就是徼二下字。《说文》中训为“循也”，又训为“巡也”，[②]而《玉篇》中则说“要也，求也”，《汉书·食货志》中又云“千里无亭徼”，也将其用作边塞之意 。微、蔑是“丧失、消灭”，即咒能被削减、消除之意，与之相对，激、徼、邀等，则具有刺激、要求、发动其咒灵之意；将此寄托于文书之上便是檄六上，即以文章来激发其力量，从而将对立者压服。

竅(窍)七下，《说文》言“空也”，该字指空窍，应该是秉承了头颅的空虚之意。覈(覈)七下是将其覆盖之形[③]，迫使对方如实地交代叫作覈实，这似乎也是源自某种咒术性的行为。覂(覂)七下字

① 噭，吼也。从口，敫声。一曰噭呼也。(《说文解字》页24)

② 徼，循也。从彳，敫声。(《说文解字》页37)另，据中华书局2013年版《说文解字》，训为“巡也”之文者为“逻”字，曰“邏，巡也。从辵，羅声”(《说文解字》页36)。

③ 覈，实也。考事，襾笮邀遮其辞，得实曰覈。从襾，敫声。覈或从雨(即覈)。(《说文解字》页155)

是将尸体覆盖之形,《说文》言“反覆也”。窆七下亦同。[①]所谓覈实,其实和尸体的覆覂是有关系的。

如果说放、敫二字所从的形体为架尸之象,那么边境之意的邊(辺,边)的字形中也包含有这一形体,该字表示祭枭之俗。邊二下是从㝱之字,《说文》中将㝱字写作𥦗四上,解释为“宫不见也”,不过详细含义已经不能知晓,关于字形还说了“阙”,其构造也不明确。《说文》最初的校定者是五代末的徐锴,他著有《说文系传》,被称为“小徐本”,其兄徐铉的校定本则对应地有“大徐本”之称。在小徐本中则将㝱字的说解之文记作“宀宀不见也”,而解说道,其音为绵,为覆盖上两层之形。[②]㝱字加上辵(按,即辶),很明显即是邊字,汇集了汉代碑文的宋代洪适的《隶释》一书中,有将邊写作从𥦗之形的,也有写成从自和守之形的,等等。《说文》中采用了从𥦗之形的字,但字的正体应该作㝱,自四上字是鼻子之形,是鼻孔部分朝上之形。也就是说,该字只能是枭首之象。

所谓邊,指的是边塞的祭枭。境域问题不仅关系到领有权,也涉及宗教的控制权。《说文》中说邊字为“行垂崖也”,认为其与土部十三下的垂字(“远边也”)同义,皆为陲远僻陬之义,但是邊字不仅指远方,还可以说是指与异神接境之处的宗教性的境界线。因此在那里要使用宗教性的方法来守护境界,也就是说咒禁是必要的。比如说,在我国的《播磨风土记》中,关于甕(瓮)坂(みかさか)这一地名的起源的传说中,有传说是将御冠(み

---

① “覂,反覆也。从襾,乏声。”“窆,葬下棺也。从穴,乏声。《周礼》曰‘及窆,执斧’。”(《说文解字》页155、150)

② 㝱(𥦗),穴宀不见也。阙。臣锴曰:“下盖象重复也,宀音緜(绵)。慎无闻于师,故阙之。邊(边)字从此。”米田反。(《说文系传》卷第七)

かがふり）置于坂上，或是传说将大瓮埋入地下，来确定境界，不过这原本是出自超越境界时所举行的掘土而安放斋瓮（盆）的斋瓮仪礼。据说在非洲等地也有一样的土俗。

从放、敫、邊等的字形中很容易得知，在中国古代有馘首祭枭的习俗，周边的诸族也多有以头颅为咒物的习俗。属于"南蛮"之一的乌浒人以此来酌酒，被称为匈奴后裔的大夏国的赫连勃勃（国王之名）收集人头来做成京观（けいかん，拱形的军门），另外以中国台湾为代表的南方诸岛有建造髑髅台或者髑髅棚的习俗，一直留存到后世。放是放逐的仪礼，邊是边塞的咒禁，不过不仅在边境，也会在都邑和圣域、祀所等处施加。

殷陵宫庙前，有将身、首埋葬在不同之处的坑葬，即是"断首葬"，原本也是出于咒禁的目的。这同前文所述的髑髅棚具有完全相同的性质。但是将人断首并埋之于重要场所，这种习俗一直延续到了春秋时期。在山西之地，古时北方系的外族十分猖獗，长治附近有一个后来被称为长狄的狄种部族十分强悍，常常侵凌至齐、鲁、宋地，带来祸害。鲁国在文公十一年（前616年）擒获其首领长狄侨如，揢其喉而杀之，将其首级埋于鲁国西郭的北门，即子驹之门。在此之前，宋武公（前765—前748年）败狄于长丘，俘获长狄缘斯，不过此役中公子皇父父子三人皆战死，所以将郭门的关税权赐与皇父的御者耏班，且称此门为耏门。对于如何处置缘斯的首级并无有关的记载，但是从对耏班的恩赏方法来看，其首可能被埋于耏门，赐予耏门的关税权即是为了告慰皇父三人之灵的。另外，据说齐襄公二年（前696年）擒获了长狄荣如，将其首埋在了齐国城门下，即位于周首的北门；其弟简如又被卫国擒获，长狄之国至此覆灭。[①]这一异族的首领们都被断首而埋于城门下，与殷的断首葬相同。

靠近国境的守备之地叫塞、边塞。塞十三下，《说文》言“隔也”，其字从土和𡨄[②]，对𡨄五上的解释则为“窒也。从𢏏从廾，窒宀（穴）中。𢏏犹齐也”。而对𢏏五上则言“极巧视之也。从四工”，解作巧视之意，但是这三个字的形义都不明确。段玉裁注认为工是巧之意，四工则为巧之极，𢏏与“展布”之展同义。[③]此外，对段注进行诸多补正的徐灏所著的《说文解字注笺》中，将工解释为工事，认为是众工合作之意，不过这一解释并不能够阐明这一系列的字。

左的字形中含有工，工是被用来寻找神或是将神隐藏起来的咒具。两手执工来施行咒诅、祝祷之人就是巫；工作为一种咒饰，被戴在头上，叫作玉胜、戴胜、胜杖，是东王父、西王母所戴之物。如果说工就是这类咒具，那么使用这一咒具来填塞就叫𡨄，再以土覆盖就叫塞。土也可能是“土主”（按，即泥塑的偶像）。在边塞之地施加这种咒禁的处所就是塞。防御异族入侵的防塞，便具有将此施加在道路上以为咒禁之意。因此道路的咒禁也叫塞。即是所谓的“塞神”（「塞の神」），是设立有地藏菩萨[④]（塑像）之处。

---

① 这里关于长狄之国首领被擒获之事详参《春秋左传注》（页581～584），其中记载长狄的首领缘斯与其后裔侨如、焚如、荣如、简如四兄弟被擒获而埋于城门下之事，与作者此处所述并不完全一致。

②《说文解字》中华书局2013年版与此内容有出入，言：“隔也。从土，从𡨄。”（《说文解字》页289）

③《说文解字注》（页201），“𢏏，极巧视之也”。段注云：“工为巧，故四工为极巧。极巧视之，谓如离娄之明、公输子之巧，既竭目力也。凡展布字当用此，展行而𢏏废矣。《玉篇》曰‘𢏏今作展’。”

④ 塞神，又称道祖神、岐神、巷神、辻神，是日本民间信仰里阻挡疾病灾害、恶鬼幽灵进入聚落的神祇。后来，该神祇与佛教的地藏菩萨被视为同一神。

在日语中是“さやる”“さふ·ささへる”（按，障碍、防止之意），另外还有“離（さ）る”（按，远离）之意。也就是说，其目的是隔离。

有时会在塞上放置大石等物。《古事记》和《日本书纪》中，巨大的石头作为将生与死的世界隔离之物，被放置在黄泉平坂上，书中记载道，“塞坐黄泉户大神”（《记》）[①]，“（所塞磐石，是谓）泉门塞大神也”（《纪》）[②]。宫殿的四方之门也有神存在。御门祭的祝词中有云，“栉磐牖丰磐牖命，登御名乎申事波，四方内外御门尔，如汤津磐村久塞坐氐，四方四角与利疏备荒备来武，天能麻我都比登云神乃言武恶事尔”，祈祷“自上往波上护利，自下往波下护利”。[③]在中国，也会将城门叫作塞，《左传》僖公二十年有“凡启塞，从时”之文，即城门的开闭是有其规定的。就是在那里施加了埋下首级的咒禁。

关于四凶放竄（窜）里的竄七下，《说文》训为“墜（坠）也”，认为是鼠隐藏在穴中之意。坠恐怕是隐之误。《尚书》中云“竄三苗于三危（西方的山名）”，《说文》的𥨍七下字条中引用此文，解说道，“（从宀，𣪠声。）读若《虞书》曰𥨍三苗之𥨍”，训为“塞也”。《左传》中将该字记写为蔡一下，《孟子·万章上》中写作殺（杀），《史记·五帝本纪》中写作遷（迁），蔡、殺、𥨍原本是同一个字，其初形都是从杀。是殴打作杀（たたり。按，祟之意）的动物灵的祓禳类咒术。𥨍的字形即为在圣屋中殴打这作祟之灵，而《说文》将其训为“塞也”，是因为该字作为对恶灵的咒禁，与塞有共通的含义。“殛鲧于羽山”的殛四下也是封锁邪神的咒仪。《说文》中训

①《古事记》，《国史大系》第七卷，经济杂志社，明治三十一年（1898），页18。

②《日本书纪》卷一，页7。

③ 收于《延喜式》卷第八《神祇八 祝词》，藤原时平、藤原忠平主编。

为“殊也”，即殊杀之意，认为其是亟声。[①]对亟十三下的解释则是“敏疾也。从人，从口，从又，从二。二，天地也”，但并不能以此而得出迅速之意。亟是殛的初文，指的是穷极。其字形中，二表示上、下之间，前方放置了祝告之器ㅂ，从后面加上一只手，将人封锁在那里；殛、極二字都秉承了亟的声义。[②]因此有穷极者叫極（极），也用于君王之意。西周后期的毛公鼎中说“命女（なんぢ）（汝）亟一方”，亟就是極之意。

四凶放窜的传说，就是像这样将恶神流放到四裔，以之为咒禁而封闭于边境，实际上是古代仪礼传说化了，借此而维持现实的秩序。而作为其实修的仪礼，则采用了断首祭枭以及其他以人身为牺牲的咒禁方法。不仅是国境，在被奉为圣地的地方，都要施加这样的咒禁。被称作京、京观者也是其中之一。

卜辞中可以见到義（义）京、磬京之名，是举行军事仪礼的地方。

> 己未，宜于義京羌人，卯十牛？左。　《前编》六·二·二
>
> 己未，宜于義京羌三人，卯十牛？中。　《前编》六·二·三
>
> 癸酉，宜于義京羌三人，卯十牛？右。　《续编》一·五二·二

此外，还有“辛□，宜于磬京羌三十，卯三十牛？”（《前编》四·一〇·五）等辞例，以羌人为牺牲，且还用牛。宜七下的字形是

---

①《说文解字》（页79）：“殛，殊也。从歺，亟声。《虞书》曰‘殛鲧于羽山’。”“殊，死也。从歺，朱声。汉令曰‘蛮夷长有罪，当殊之’。”

② 亟的小篆字形作“亟”。（《说文解字》页287）

将肉置于俎上，其意可能是将肉供荐给神灵。也有加上刀，表示宰割其肉之意的字。義京的左、中、右恐怕是三军之名，中字写作旗杆上挂着幡之形，是代表中军之将，即元帅的元帅旗。

所谓京观，是指聚集敌人的尸体，再用泥封成的拱形门。京五下，《说文》言“人所为绝高丘也”，认为其字“从高省”，丨表示其高之意（按，“丨象高形”），但是该字形应该是表示拱门下的左右之门①。《春秋》宣公十二年，晋与楚南北二强战于邲，楚取得大胜。晋军将无数尸体遗弃在战场上，争相溃走。按照惯例，可以将这些遗尸聚集起来做成门（按，即京观），筑造武军（军营）以纪念战功，但是楚庄王只举行了报告战争胜利的祭祀便班师回国，《左传》赞赏了这一行为。②所谓京观，是指在京的上部附设有望楼一类的建筑物，可以视作寺院前的正门（「三門」。按，楼门之意）之类。所谓京都，都是指施加了咒禁的军门、四周围以城墙者。“京”是指积尸、封土而建成的凯旋门；“都”是指将咒禁之书埋于堵垣（按，墙），以防止邪灵入侵的城邑。《吕氏春秋·禁塞》中论述战祸之灾，之所以说“以至于今之世，为之愈甚，故暴骸骨无量数，为京丘若山陵”，与《说文》之解相同，皆已遗失京观的古制。

京后来成了祀天地、祭远祖的圣地之名，于其处设立辟雍。西周的金文中有“莽京辟雝（雍）”之名，王会亲临辟雍，在那里举行盛大的仪礼。另外《诗》中有“镐京辟雝”之名，大雅《文

① 京字的小篆字形作 [illegible]。（《说文解字》页106）

② 楚子曰：“……古者明王伐不敬，取其鲵鲸而封之，以为大戮，于是乎有京观以惩淫慝。今罪无所，而民皆尽忠以死君命，又可以为京观乎？”祀于河，作先君宫，告成事而还。（详见《春秋左传注》页746、747）

王有声》中对该祭仪进行了歌咏。辟雍[①]中有大池，池中有称为明堂的灵台。天子乘着赤旂（旗）舟，获池鱼，射白禽，供之于辟雍而祭祀。辟雍还附设有小学和宣榭（习射之处）等讲习礼乐的诸种设施。

建造神圣的建筑物时，先要奠基，而举行奠基典礼（「地鎮祭」），用犬作牺牲。就五下，《说文》言“就高也[②]。从京，从尤，尤，异于凡（常）也”，以尤为其声义来进行解释。尤字，如卜文有“亡尤？”之语，被释为尤祸之意，而就字则被认为是在京观的奠基典礼中以犬为牺牲之意。犬被用于奠基或者是成为圣所的牺牲，这从殷代陵墓和宫庙遗址中发现了许多犬牲便可得知，而且以家和墜（地），还有器、獻（献）、猷等相关之字中含有犬牲也可以明确这一点。

从京之字有景七上。《说文》言“光也。从日，京声”，该字可能是表示日景，即测量太阳的方位和时刻之意。这种方法就叫日景，《周礼》地官的“大司徒”中有“正日景以求地中（正南）”之说，另外夏官的“土方氏”中有“掌土圭之法，以致日景”之说。度量日之出入以定方位，建造宫庙等，与此相应的是，殷墟的小屯宫殿遗址确实全都在南中[③]位置。景之所以从京，可能也是因为考虑到京观之类的建筑要使用这种计测方法。古老的玛雅人也已经有了观测台，就位于三个并排矗立着的神殿的前面，另外据说

① 《礼记·王制》：“天子命之教，然后为学。小学在公宫南之左，大学在郊。天子曰辟雍，诸侯曰泮宫。”

② 段玉裁《说文解字注》（页229）中认为就字条之下仍有一就字，是“此复举字之未删者”，而将就字训为“高也”，不同于作者此处的解说。

③ 南中，天文术语，太阳等天体到达子午线。

还有圆形的天体观测塔。值得注意的是，殷代的義京也有左、中、右之别（见于前文的卜辞），与此有一定关联。观测所在之地的自然景物，或是在一定的地点竖立神杆来进行观测，是非常普遍的做法。《山海经·西山经》中说，有长留之山，司掌反景之神居于此。[①]影指的是光投射之影，景是其初文。顥（颢）九上，《说文》言“白貌”，又指日光闪耀之景，还有像“南山四颢”这样的用法，指白发的老人。[②]颢字也写作皓，是形声字。

京字原本是指圣域之门。在该门处进行祝告则为高五下。在门处进行活动，原本是問（问）字。《说文》对高的解说是“崇也。象台观高之形”，认为𠙵“与仓舍同意”[③]，解作建筑物的平面之形，但是𠙵表示的是祝词，高字指的是在京观之处进行祝祷。可能有呵禁出入此处、迎请神灵等意思。与高字相似的享神之处叫亯五下。要在其处供奉牺牲。亯和京重叠起来的䯧字见于金文中，官职的再命叫䜌䯧（しようきよう）。可能䜌是反复染色之意，䯧也有层层建筑物重叠起来之意。

問二上是与高构造相同之字，俗说认为是在门下发话。高字的金文图像中，有字形是在其上树有禾形的咒饰。禾形是树于军门的神木，两禾叫“和”[④]。原本是举行军礼的地方，媾和之事也在那里举行 。

---

① “实惟员神磈氏之宫。是神也，主司反景。”郭璞注云：“日西入则景反东照，主司察之。”（《山海经校注》页46）

② 颢，白貌。从页，从景。《楚辞》曰“天白颢颢”。南山四颢，白首人也。（《说文解字》页180）

③ 高，崇也。象台观高之形。从冂、口。与仓舍同意。（《说文解字》页105）

④ 据《说文》第七上，秝，“稀疏适也。从二禾。凡秝之属皆从秝。读若历”。（《说文解字》页143）

喬（乔）十下的字形是在高之上加上夭，《说文》认为是“高而曲也。从夭，从高省”，读来似如比萨斜塔；金文中，郘钟的铭文云，“余不敢为喬（按，骄）。我以享孝，乐我先祖”，其字为在高之上挂有前部呈斜曲状的旗帜之类东西之形。其构造和加上了禾形的字相似，应该是在此迎接神灵之意。高明是指神厌恶之处，但神似乎喜欢高明。

虽然该字被楷书化，成了与高低的高相同的字形，不过还有具有其他起源的高字，如用于枯槁的槁的右旁的高。该字与冎二上相同，指的是没有肉的枯槁了的人骨。抛弃这种尸体的地方叫蒿里。蒿的本字是薨四下，《说文》解释说“死人里也。从死，蒿省声”，不过该字是将尸体弃于草间之形，字的意象同葬字相近，都指的是干燥之物。《周礼·天官·庖人》中有鱻薨之名，《礼记·内则》中有兎[①]薨之名。古时候，墨者田横去世时，门人将其葬于蒿里，而歌《薤露》《蒿里》二曲，此属起源传说，蒿里是古时遗弃尸体的地方，原本可能和鸟葬的山性质相同。

敲三下字是殴打枯槁了的尸体之形，表示的是借尸灵而施展咒术。《庄子·至乐》中有这样的故事：庄子前往楚国，遇见空髑髅，（以马捶）撽之，并向其搭话，还枕其而眠，到了夜半髑髅与庄子就死生问题交谈了起来。实际上，可能也会撽髑髅而进行诅咒。这就是断首祭枭的习俗。撽其头颅为“敫”，架起尸体殴打叫“放”，都是祓除邪灵的仪礼。

四凶放窜的传说中所见的关于放逐的诸仪礼都是对境域内的

① 兎，同兔。《礼记正义·内则》作免字。“免，新生者。薨，干也。”（参看《十三经注疏·礼记正义》页832）

邪灵进行呵禁，即与咒禁之法有关，四凶放窜的传说是展示了其实修方法之典型的神话。咒禁并非仅在境界之内施行，通往境界的道路、邑里之外，都是让人畏惧有邪神作祟的地方，而要施行咒禁。人一旦离开了有其氏族神守护、产土神（うぶすながみ）[①]居住的地方，立刻就要面对一切的异神邪灵。乡土之外被视为邪灵遍布的世界。

道路上的咒诅

古代社会以氏族为单位。氏族是血缘共同体，共同体的秩序通过种种盟约而得以维持。这种盟约的基本原理就是共有神圣的灵。血缘性是其最重要的条件。盟约的证明者，便是祖灵、土地神和其他保护灵、共同的信仰和祭祀仪礼。这是由所谓的集团表象支配着的世界。

关于氏族的字义，仍有不明确之处。氏十二下，《说文》言“巴蜀山名”，说四川当地称其断崖崩塌为“氏崩”，声闻数百里。[②]但是氏崩之语是坻崩之意，与姓氏并无关系。因此，也有很多新奇的说法，比如认为是树根之象，或是民伏身劳作之形，还有匙子之形、竖立旗帜之形，等等。与其字形相似的字有氒（厥）。《说文》中将上述两个字作为不同的字而举出，言氒十二下字“木本。从氏。大于末。读若厥”，另以臵之义来解释厥九下字，说“发石也”。但

① 日本的一种神灵，类似中国的土地神。该神灵领有、守护着人们出生的土地。

② 氏，巴蜀山名。岸胁之旁（旁）箸欲落墮（堕）者曰氏，氏崩闻数百里。象形，乀声。凡氏之属皆从氏。杨雄赋“响若氏隤”。（《说文解字》页266）

是金文中将氒作为厥字来使用，班簋中说“广成氒工”“公告氒事于上”等，与文献中所见的厥的用法相同。厥是劂，即剞劂之意，以削东西用的曲刃之器在木版上雕刻就叫“付剞劂”。氒是劂的初文，氏也与其字形相近；将氏放在祝告之器ㅂ上而破坏其咒能就叫昏，在今天的印刷体（「活字体」）中变成了舌，与口舌的舌同形，而话、栝、括等音活的字都属于该字的系统。氐十二下就是以氏来加以刮磨，抵、底二字皆以氐为声义。《说文》说“氐，至也”，认为是氐崩的土落到一（即地）上之意[①]，之所以这样解说，是因为氐的形象的含义并不明确。卜文中有在氏之下放置皿的字，郭沫若据此字形而将氏字解释为匙；匙的初文为是二下，《说文》言是字为从日、正之形，解作“直也”，然而是字是匙的象形字，等到是字被专用于是非的是，就创造了匙字，文献中多使用“匕柶”。匙之大者叫斗十四上、升十四上。

氏恐怕是刺割之器，可能是以之来剖开牺牲，在共餐时享用。正如宰是在宗庙中用辛器来宰割牺牲，氏是指与剖割牺牲、共餐的仪礼有关的东西。或者也有可能是以之来进行血盟的，盟誓之际要啜饮牲血。这种神圣的辛器恐怕是放置于神前的。祇一上，《说文》言“地祇。提出万物者也”，认为祇和提叠韵[②]，《周礼·春官·大宗伯》中说“天神、人鬼、地示”。祇是地灵之意，可以认为作为血缘体的氏是通过地灵而进行地缘性的结合。

与“氏”连称作“氏族”的族七上字，《说文》言“矢锋也”，即

---

① 氐，至也。从氏下箸一。一，地也。(《说文解字》页266)

②《说文解字》中将祇字训作“从示，氏声。巨支切”(页2)，于提字则言“挈也。从手，是声。杜兮切”(页252)。

以为是镞之义。段玉裁注说，族是镞的初文，矢集中于军旗之处，所以从㫃，认为该字也有蔟（按，聚集的意思）之义。[①]亦即是说，认为镞和蔟字都假借了氏族的族字之义。徐灏将其解释为，在射的仪礼中举起旌旗以表明箭矢中的之意[②]，近人丁山则认为，就像清代的军事组织叫八旗十箭一样，该字指军旅的组织。矢字原本是弓矢的矢，而古代举行重要的誓约之时多使用矢。矢五下也读作“誓ちかふ”，明确其誓约叫知，叫智。知五下，《说文》言“词也”，又说白部四上的智字是“识词也”，“从白、从亏、从知”[③]，由这三个字会意。关于智的字形还有很多其他说法，卜文、金文中的字形是从矢、干和𠙵。在金文中，干写作于之形。矢、干、于都是兵器之类。在此基础上加上𠙵的字形，就是以圣器来发誓之意。誓三上字从折一下，不过并不是《说文》“折声”所说的形声字[④]，而其本义可能是将割伐草木的采薪行为看作誓约的标记。举行射仪等也是如此，具有发誓以明己之清明的意味，以此而进行下去；侯五下指以矢来行候禳之事。男子出生后，要以桑弧蓬矢射天地四方，以行候禳的仪礼。诸侯的侯，其原义是在王畿的周边候禳四境。室、臺（台）等字从至，即矢到达终点之形，这也是由于要在营建之地射矢以占卜或是清除不洁。在我国有矢神信仰，以为占卜、占有的标示之用。另外，返矢传说

① “族，矢鏠（锋）也。”注：今字用镞。古字用族。金部曰，镞者，利也，则不以为矢族字矣。“束之族族也。”注：族族，聚貌。毛传云，五十矢为束，引伸为凡族类之偁（称）。“从㫃，从矢。”注：会意。“㫃所以标众，众矢之所集。”注：此说从㫃之意。㫃所以标众者，亦谓旌旗所以属人耳目，旌旗所在而矢咸在焉，众之意也。《韵会》《集韵》《类篇》皆引此，而衍一曰从三字，则不可解矣。昨木切。三部。（《说文解字注》页312）

② 见《说文解字注笺》卷十三，曰“射礼以旗唱获，倚旌于矦（侯）中，当射则以旌居乏而待获”。

③《说文》智字作“𥏼”（《说文解字》页69）。

④ 誓，约束也。从言，折声。（《说文解字》页47）

在我国神话中也有出现[①]，在其他地方也广为传播。应该将族所从的矢理解成这样一种信仰的体现。仪礼中所使用的矢，大概就是咒矢。

㫃七上是旗帜飘扬之貌，旗旌之字全部从此形。㫃部七上的字中，像旗、旌这样加有音符的形声字有很多，不过族、斿、旅、旋等是会意字。族的意思恐怕是以矢来发誓，从而成为共同体的一员。㫃被视为氏族的标识，即便到了今天，集体行动时仍要举起团体的旗帜而出行。

斿的字形是持旗之人。人离开其地从事活动叫斿。遊、游七上[②]是其分化出的字，古时离开故乡叫遊、游。旌旗上的飘带及车马之饰称为遊旒、遊丝。遊具有活动之物的意思。所谓遊学，就是离开故乡求学，遊是赴外地之意。

旅（㫈）七上是斿的复数形，因此是集团之意。比如在军队的编制上，五百人叫旅。此外，远行叫旅，祭祀山川四望的外祭也叫旅。在本庙之外营建的祭祀祖灵之处叫旅宫，在该处举行祭祀，所用之器叫旅器。无论是遊字还是旅字，都没有行乐的意思，而是表示在远行之际高举氏族之旗而展开行动。旗七上不仅是氏族的标识，还是其守护灵寄身之处，可以祓除氏族所在之处的邪气。战争之时，大小山峰上都要竖起旗帜，祭祀和葬仪中也要立起赤、青等旗。西周初期的麦尊上的金文中记载了葊京的辟雍仪礼，王

① 天若日子被派到苇原中国去平定凶恶之神，八年都没有回去复奏，于是天神又派名叫鸣女的野鸡去查问，天若日子则听从天佐具卖的计策而用天神所赐的弓矢射死了野鸡。那支箭穿过野鸡的胸膛，一直上到天神的住处，天神将这支箭投掷回去，正射中了天若日子的胸膛，他就此死去了。（参看《古事记》，〔日〕安万侣著，邹有恒、吕元明译，人民文学出版社，1979年，页40、41）

② 遊、游，今皆简化作游字。

是亲自乘着赤旂舟而行渔礼的。

旗作为一种咒具，附有羽旄，系有众多铃铛[1]。有羽旄的旗似乎被认为是特别重要之物，《左传》襄公十四年中有这样的记载：晋国的范宣子不肯归还从齐国借来的羽毛，导致两国一度断交。在古代，人们远行时要擎举着氏族之旗前进，这是因为旗具有作为一种圣器之意。

之所以在外出之时必须如此准备，是因为人们认为外界全部是异神控制之地，是像五月的苍蝇一样繁多喧嚣的邪灵所居住之地。这跟在王朝的范围内说四裔是怪异邪恶的世界道理相同。与外界的交涉要经由道路来进行，道路是与外界的接触点。城门和境界的咒诅之所以极其严厉便是为此，只要人们向外界的道路踏出一步，就必定会因为施加在道路上的种种诅咒而畏惧不已。旅人起程之际，会有许多的禁忌，要举行梦占、鸟占，施以厌胜（符咒之术）等巫术，然后宛如奔赴地雷区一样，非常慎重地行动。

道二下是从首之字，《说文》认为其是会意字，不过对于为何从首，并没有说明其意。故而还有首所朝向之处，或是该字乃形声等说法，不过这个字确是会意字。如前文所述，会在城门和宫庙等圣所的入口处施行断首葬。后世用受刑者来充当城门的看守（即阍），可能就是这种习俗的残余。在通往陵墓墓室的羡道上，为了祓除邪恶会施行一种叫作禓一上的祭仪。《说文》言“禓，道上祭”，称羡道为道。禓是昜[2]，即表示玉光之字，通过玉的咒力来祓清道路。可能在古时是挖掘断首坑，而在那里施加咒禁。

---

①《说文》“旂”字条曰“旗有众铃，以令众也”。（《说文解字》页137）

② 昜，开也。从日、一、勿。一曰飞扬，一曰长也，一曰强者众貌。（《说文解字》页194）

金文的道，写作首加上手的字形，也就是導（导）。该字可能是表示一边给道路祓除不祥一边前进的启行仪礼，即先导之意。䢅鼎中有“唯十又一月，师雝（雍）父省道，至于㝬。䢅从”之文，道写作導之形，其意恐怕是提着用于咒禁的首级而为先驱。“省道”的省，可能是以观察的手段来厌胜，指先行而诱导的行为。卜辞和金文中所说的“先”可能就是该意。

先八下，《说文》训为“前进也”，而先导启行是其原义。先字一般写作止（即脚趾）在人之上，表示前进的行为。和见、望及闻的初文等类似，都是表示特定行为时的造字法。

> 庚子卜，㱿贞：令子商（王子之名）先涉羌于河？　《缀合》二七六
>
> 丁巳卜，㚔贞：勿呼众人先于𡎸（地名）？　《京津》一〇三〇
>
> 辛卯卜，㚔贞：勿令望乘（氏族之名）先归？　《前编》七·四·三

上述卜辞中的先都是先行之意，确认道路安全是其本来的任务。周初的中方鼎的铭文说：

> 隹（唯）三命南宫伐反虎方之年，王命中先省南国。

“先省”与䢅鼎上的“省道”之语相同。还有“先涉”，也是对涉水安全与否进行确认之意。涉十一下具有仪礼性的意思[①]，祈祷涉水的安全叫顺。順（顺）九上在古时是从涉之字。[②]

---

① 㳅（涉），徒行厉水也。从林，从步。（《说文解字》页239）

② 顺，𩑍，理也。从页，从巛。（《说文解字》页180）

到达目的地后，首先要洗足。与先同义的前，其初形是歬二上，《说文》中解释为“不行而进谓之歬。从止在舟上”，认为是不用足而以舟前行之意，但是舟是盤（盘）的初形，歬字就是在盤中洗止（足）之形，是洗的初文。杜甫《彭衙行》中有云“煖（暖）汤濯我足，剪纸招我魂”，歌咏的内容就是经过长途旅行终于抵达孙宰家的杜甫，在入室之前先要行洗足烧纸的镇魂仪礼。前的字形是歬加上刀，意为剪指甲；剪则是前的下面再加上刀，以同前后的前相区别，这与燃、胸等相同，是字义分化而产生的繁文。

路二下，《说文》训为“道也”，大徐本认为是会意字，小徐本则认为是形声字。各字有洛、辂之音，也被认为是形声字，但是各二上原本是指降神之礼，所以路可能就是通过祝告而获得圣化的路的意思。就像天子所用者为路车、路门、路寝，冠以路的用语有很多。各，《说文》训为“异辞也”，认为其意是尽管说出话来，人们也会走过去，而不相听。[①]但是该字从祝告的ㅂ，表示神灵回应祝告，自上降临。ㅂ上有人的字有召、招，相对于此，神灵降临则叫降格，将神灵迎到庙中则叫客。若是降临的是不受欢迎者，恐怕就是咎八上[②]了。

出门旅行之际要祭祀道祖，这神叫道祖神。祖是徂、退等意，皆训为“往也”，应该是指启程。饯祖也叫祖饯，即是通过我们通常说的“馬のはなむけ”[③]来行饮饯一事。饮饯具有镇魂之意，这在中国叫招魂续魄。无论是出发之际的祖饯，还是旅途结束后洗

① 各，异辞也。从口、夂。夂者，有行而止之，不相听也。（《说文解字》页28）

② 咎，灾也。从人，从各。各者，相违也。（《说文解字》页165）

③ 译按，一种风习，为祈祷旅人平安而将马鼻朝向旅人所去方向。

足烧纸，都是为了招魂续魄。

祖饯过后，在驱车出发之际要进行軷十四上。《说文》中对这种仪礼进行了说明，言“出将有事于道，必先告其神，立坛四通，树茅以依神，为軷。既祭軷，轹牲而行，为范軷。(《诗》曰‘取羝以軷’。从車，犮声)”①。用犬做牺牲,軷字所从的犮就是被杀死了的犬之形。在封土之上竖立束茅，以之为神位，这种形式和满蒙的敖包有类似之处。使用犬牲，以其血来使车洁净，就是衅礼；以此为代表，在宫庙营造、器物制作完成之时，也要举行衅礼。像这样在启程之际要举行诸多煞有介事的仪礼，是因为他们即将前往异族神所控制的危险地域。

道路上可能会有什么样的危险呢？正如在本族的封域内要施加断首祭枭、埋丰、埋牲等种种咒禁一样，人们也一定认识到了在外族之地同样也会施加咒诅和咒禁。这可能是古代人们所特有的一种象征主义行为吧。

途字在《说文》中不曾出现，卜文的峹可能是其初文。从文例来看，该字好像是迎于途之意。余是大针之形，人们认为将之放到道路上可以祓除不祥。峹的用例如下：

> 贞：王勿㞢峹众人？　《续编》三·三七·一
>
> 王固曰：峹若？兹卜。　《前编》七·二三·二

为了破坏祝告的咒能而用针刺𠙵之形是舍、害，这已在第二章中

① 见《说文解字》页304。

述及，余就是这种用于破坏咒能的咒器。在止（足）上加余的𢓊，恐怕具有袚除的含义。除十四下是将余放在神灵陟降的圣梯“𨸏”之前，表示袚除，同理，袚除道路的不祥叫除道。说文将袚一上训为“除恶祭也”，所说的除恶也是这一意思，两字合在一起就叫袚除。《周礼》春官的“女巫”条言其“掌岁时袚除、衅浴”。禳一上，《说文》中也训为“祀除厉殃也”，袚禳之事叫作除。

涂十一上,《说文》认为是水名（按,“途，水。出益州牧靡南山，西北入渑”），清代王鸣盛《蛾术编》中，认为涂、途、塗三字皆同,都指道途[①]。塗字原本指堵塞,与堵相同,有将某物堵塞住之意。除是将其除去之意，所以余有塗塞和除开两方面的机能。卜文中有包含余之形的字，恐怕是敍（叙）三下的初文。叙、徐等字有徐缓之意，也可能与使用“余”的咒仪有关联。另外，叙述一语的构词要素在语源上可能也有关联，余和术都被用于咒术行为当中。

述二下被视作形声字,《说文》训为“循也”[②]。《论语·述而》中孔子说“述而不作”，在《墨子·非儒》中则写作“循而不作”，因此述、循二字在古代应是声义相通之字。述有时又写作術二下,二字的构造也很相似。这些字应该都是指道路上的某种行为。

---

①《蛾术编·说字十五》考证《说文》涂字之注曰,“案古涂路字即此。《周礼·遂人》:凡治野，遂上有径，沟上有畛，洫上有涂，浍上有道，川上有路。古人制字有深意。农田者，民生本计;道路者,人所通行,故由田起。凡道路即在城市中者,亦以田间之名名之。路小概名径，路大概名涂。后人别造塗字。新附注云‘泥也，从土、涂声，同都切’，窃谓古塗泥字亦只作涂。盖土水间杂为泥涂，既从水，何不可作泥用，后人乃必加土……后又从辵作途,《尔雅·释宫》‘堂途谓之陈。路、旅，途也’，郭注‘途即道也’……《说文》无途字”。(参见《蛾术编》,〔清〕王鸣盛撰，商务印书馆，1958年，页424、425)。

② 述，[篆文]，循也。从辵，术声；[籀文]，籀文，从秫。(《说文解字》页33)

术七上，《说文》中以之为秫[①]，亦即认为述、術是术的形声之字[②]，不过从其金文中的字形来看，则是兽皮之形。正如西周中期的小臣謎簋铭文所言，“东夷大反，伯懋父以殷八自（师）征东夷。唯十又二月，遣自□自，述东”，述用作遂之意。遂之语指行为继续下去。周初的大盂鼎上有“殷述命”之语，述字用作墜（坠）之义。述和遂、墜大致是同义之字。遂二下是墜的初文，另外墜是地的初文，其字形为在神灵陟降的圣梯前放置牺牲、设立土主。如上述诸般行事，祓除了不祥的道路就可以“遂行”。

述和遂之所以同形，是因为朮（术）另外也是牺牲之形，应视为披其手足之形。所谓述，则是指用这兽来清除道路上的不祥的行为。術（术），虽然《说文》认为是“邑中道也”，但是在道路上施加述一类的咒仪才是術。術后来作为与技術相关的字，被用于学術、心術、艺術等语中，但是其原本是《庄子·天下》中所说的“方術”“道術”之意。在卜文中，術字表示的是将兽首架起以为咒禁之象。方、道、術的原义都是指在境界、道路上施行的咒術。这些字都发源于古代的咒術。

述、墜中的牺牲，与家、冢中所包含之物相同。在野外的狩猎地也要举行这种仪礼，这叫邍（逢）二下。该字是原的初文。《说文》言“高平之野，人所登”，关于其字形则说“阙”。[③]《周礼》夏官的“邍师”中说“辨其丘陵、坟衍、邍隰之名，物之可以封邑者”，认为其司掌着以当地的标识性之物而决定封域的事宜。多与隰连

① “秫，或省禾”，则作术。（《说文解字》页141）

② 術，邑中道也。从行，术声。（《说文解字》页38）

③ 邍，高平之野，人所登。从辵、备、录。阙。（《说文解字》页36）

用，而作原（按，即邍，古多作原）隰，指战场、狩猎场，或是开拓地。恐怕该字所表示的是以准备牺牲、邀请神灵为开始的仪礼。在金文中，有在其下加𠙵的字形，意为祝告狩猎成功。

开耕之时也要举行这类仪礼，叫墾（垦）十三下。也说开垦道路，在我国有"墾田""墾道"之语，如：

信濃路はいまの墾道刈株に足踏ましなむ履はけわがせ

《万叶集》十四·三三九九

（新开信浓路，莫踩树桩；当心伤足，穿上鞋，我的郎。[①]）

墾也是含有兽牲的字形。[②]开拓田地，在古代叫圣十三下，其字形是双手奉上土主。在开拓狩猎地和垦田，以及道路时，向地灵举行祭祀仪礼总是必要的。不仅是通行之路，人们认为在所有的土地上，到处都隐匿着神灵。

玉梓之道

述、術、邍等字是使用动物的咒灵，借由牺牲来袚除不祥的仪礼之意；也有持圣器来镇压邪秽的方法，遹二下、循二下等字即是。金文中有遹省、遹正之语，指的是循抚（译按，安抚之意）所统治之地。如西周前期的大盂鼎上说"我其遹省先王受民受彊（疆）土"，中期的宗周钟上说"王肇遹省文武堇（覲）彊（疆）土"，

---

① 见《万叶集》页623。

② 墾（垦），《说文》中引其小篆字形作 𡐦。（《说文解字》页291）

另外后期的克钟上说“王亲命克（人名）遹泾（水名）东至于京自（地名），赐克甸车马乘”，还有小克鼎上云“王在宗周，王命善夫（膳夫）克舍命于成周，遹正八自之年”。其主要具有的是军事性的意义，指地方的军事监察，或者是军队的检阅。小克鼎所说的成周八师，即是由殷朝遗民构成的殷八师。

遹从矞三上。《说文》说“矞，以锥有所穿也”，不过其上部明显是矛之形，下部则是其台座，而且在其前面放有ㅂ。台座的部分是丙形，丙是武器的金属箍部分，是柄的初文。作为仪礼之器，要在其下加上台座。在武器之前放上ㅂ，采用这样的造字法是为了将该器物圣化，以求启动其机能。比如殷的正号是商三上，其字是将辛竖立在台座上，并加上ㅂ之形。辛字也如后世所说，是施以刺青之刑罚（译按，墨刑）时所用的针器之形，所以该字表示的是神圣的刑罚权。《说文》中以商三上为商量、商议之字，解作“从外知内也”，但是这一字形解释是错误的。后来被用作商贾的商或者是賞償（赏偿）的賞六下字，不过是字义的转化罢了。认为商贾是指殷商的末裔等说法，毫无理由。商是刑罚权之意，矞则指讨伐权。竖起矛来巡察的遹，相当于我国所说的“玉桙（たまほこ）の使者”。

“玉桙の”之语被视为修饰“み”的枕词[①]，要冠于甲类音[②]的道（みち）之前。

はしきやし誰が障ふれかも玉矛の道見忘れて君が来ま

① 枕词即冠词，属于古典日语，是日本古典和歌一种重要的修辞法，在和歌的语句中，以之来修饰特定之语，而组成连体修饰语或连用修饰语，一般成五音的语句。（可参看《日本文化的皇冠宝珠——短歌》，王瑞林编著，清华大学出版社，1998年，页71）

② 古典日语的音节有甲类、乙类之别。

さぬ 《万叶集》十一·二三八〇

（心爱阿哥不见来，莫非忘了路，抑或有谁阻？）

人言の讒しを聞きて玉桙の道にも逢はじと言ひてし吾妹 《万叶集》十二·二八七一

（听信他人谗言；妹云，即便同行路，对面不相见。）

遠くあれど君にぞ戀ふる玉桙の里人皆にわれ戀ひめやも 《万叶集》十一·二五九八

（相隔虽远，独把哥恋；村里人虽多，结爱无缘。）

如上述这样，除了道，也有冠于里之前的用法，可以认为“玉桙の”可能是对道和里门的一种咒祝。在三岔路口经常会立有石神，古时是阳物石（「陽石」）的形象，今天的道祖神仍保留有其形，不过也有学说认为其是玉桙。该学说认为玉（タマ）是灵魂，而对于桙/矛（ホコ）则做出一种弗洛伊德式的解释，以之为阳物石，不过其是否确与玉桙等相关仍有疑问。《日本书纪》中说道，天钿女命“手持茅缠之矟，立于天石窟户之前”[①]，巧作俳优（わざをぎ）而歌舞，《古语拾遗》中也说其“手持着铎之矛（……巧作俳优，相与歌舞）”，故而认为是这样一种舞蹈传承。《年中行事秘抄》中有这样的镇魂歌：

① 见《日本书纪》卷一页13。

昇りますとよひる雲が　み靈欲す　本は金矛　末は黄矛　玉矛に木綿とりしてで　靈道とらせよ　み魂かけ　魂上りし神は　今ぞきませる

等等，这些歌中，也是手中持矛而舞，凭所持之物来开拓“灵道”。可以认为，为生者开拓灵的通路时，也要举行同样的仪礼。

往来的往二下，在卜文中写作在呈钺之形的王上加止（足）的字形。尽管其字形取用了王来作为声符，但其为何选用了这一表示钺的字形，可能是有一定的含义。钺和矛都具有圣器的含义。日语的“たまきはる”是修饰“命、うち、あれ、幾代”等的枕词，可以解释作魂的灵威所及的范围之意。当其灵威由内向外发出时，必须得保证灵的继承、延长。也就是说，必须要有保护灵，而保护灵要发挥其机能就要凭借这些圣器了。

在道路的修祓中，还有其他诸多方法。贝可能就是这样一种咒具。得二下是表示持贝外出之意的字，《说文》中认为是“行有所得也”，而在金文中常见到“得纯亡敃”之语，意思是获得上天纯祐。这大概也可以说是获得“灵道”的方法。遺（遗）二下字《说文》训为“亡也”，其所从之形是双手持贝而与人的貴（贵）六下，所赠之物叫“赠御灵”(「みたま賜はる」)，可能是具有灵之物。遠（远）和還（还）二下等字的意思是招魂仪礼，其形皆为在衣襟处放有玉。贝和玉也被用作远行之际的咒器。据说在日语中“遺る”和“後る”是同源之语。後二下是从幺、糸之形，所以其应该也是指道路的咒仪。

難波邊に人の行ければおくれるて春菜摘む子を見るが

かなしさ 《万叶集》八·一四四二

（人已难波去；守家采菜女，一见，令人怜惜。）

上文所歌即是采草（「草摘み」。按，指春季到野外去采摘花草）以镇魂，可能也含有使用糸（丝）的咒仪。

关于遹省一语，遹是举着玉桙而巡察之意，省四上指审视。《说文》对省的解释是“视也。从眉省，从屮”，认为屮的字形是目上所施之饰。段玉裁注认为，省字从少，是“少用其目”之意——这是俗说。[①]大盂鼎铭文中的遹省，以及同为西周前期的宜侯夨簋中所说的“徣省东国图(版图)”中,省是一种具有“国见”(「国見」)[②]意味的行为。卜辞中有云“壬午卜，贞:王省，往来亡灾？”（《粹编》一〇三二），就是说王亲自去“国见”。古人认为，与灵的直接沟通就寓于这种叫作“见”的观看、视察行为当中。伫立的青山，茂密的草木，以及澎湃的急流和流动的云彩等，所有这些对自然的灵动之姿的观察，都是一种镇魂的行为，这在《诗经》或是《万叶集》中，都有大量的歌颂之辞。日语中的“相”训读作“みる”（「見る」。按，观看、视察之意），可能就是缘于此。

省和德的字形非常相近。德（德）二下之语可能也是指一种依靠眼的咒力的行为。《说文》中解释为“升也”，其意思并不明确。另外有观点认为其字是十和目的会意字，而以为“十目所视”才

① 段玉裁认为《说文》言古文省字“从少囧”有误，应是“从少目”，“从少目者，少用其目省之”。(《说文解字注》页136)

②「国見」，本来是指登上高处而望见国家的地势、景色和人民的生活状态，后来则成为一种仪礼，在年初或是一年的农事开始时，观看和秋收有关的咒术性景物以预祝丰收，观赏樱花即其一种。这种仪礼后来又作为天皇即位仪礼的一环，而分化成祝福国土繁荣的仪礼。

是正确的解释，这也与字形不合。目之上加上一二斜线，恐怕和省相同，是能给目添加咒力的咒饰。直十二下是德的初形；到了大盂鼎的器铭中才开始加上了心，也有从言的字形。这是直到人们认识到德乃来源于人内心的德性以后才形成的字形，而其原本是依靠目的咒力而具有对他者的影响力，德被认为是通过观看而与对象进行灵的沟通。

省和直、德中，目上面所加之物是咒饰，那是为了提高目的咒力而添加的。久米命作为使者迎请伊须气余理比卖时，伊须气余理比卖认为他的眼很奇怪，便歌唱道，“あめつつ　ちどりましとと　など黥ける利目”（按，“为什么象雨燕、千鸟、黄道眉和鹡鸰，描青锐利的眼睛”[①]），久米命用歌唱回答说，“をとめにただにあはむと　わが黥ける利目”（按，“姑娘，我为了径直找到你，才描青这锐利的眼睛”），这个故事在《神武记》中以对歌的形式记载了下来。古时会给饲部[②]等的人员施加这种黥（げい）（刺青），另外在执行特定的任务时，也会在眼睛上添加这种绘饰。

御二下可能也是作为一种道路的仪礼而被举行。御的初文是卸九上，其形为礼拜幺或者丝。幺、丝是丝束，似乎是在祝祷时作为咒具而使用，在絲（丝，丝）之上加玉的字是㬎（㬎），对其进行礼拜之形就是顯（顯）九上，指的是神意的显现。御原本是防御类的祭仪，“御水？”（《铁云》九九·四）、“御疾？”（《乙编》四八七五）、“御齲？”（《前编》六·五四·四），等等，都是对阻止祸殃进行占卜；另外，“贞：于祖辛御？”（《乙编》四九三九）、“甲

---

①《古事记》，邹有恒、吕元明译，页70，下同。

② 别名“马饲部”，大和朝廷的职能部门之一。

申卜：御妇鼠妣己，（用）牛牝牡？”（《前编》一·三三·七）等卜辞中，御都用于向祖灵祈求某事的内容当中。司掌御的仪礼的人叫御史，像“呼入御史？”（《乙编》三四二二），或者像“乙卯卜：自御史？”（《铁云》一八三·四）这样作为动词使用。史也是祝告的祭仪，这点前文已经述及。

卜辞的占断之辞中，“丝用”“丝御”这样的说法非常多。用三下是饲养牺牲的牢栅之形，所以“丝用”之语乃起于使用牺牲一事，另外“丝御”几乎都用在占卜往来、畋猎的卜辞当中，用作可以出行之意，比如下面的例子：

> 戊申卜，贞：王田磬（地名），不遘雨？丝御。《前编》二·四四一
>
> 甲寅卜，贞：王逃于盟（地名），往来亡灾？丝御。获鹿二。《续编》三·二一·一

“丝御”是说其出游无祸无尤。御本来是祈祷道路安全之字，由此而产生了认可其行为之意。

金文里面，西周前期的大盂鼎中有御事一语，指祭事。后来则由佐助祭事之意，而变成了侍御的意思，中期的遹簋中云“王飨酒，遹（人名）御亡谴？”，剌鼎中云“王禘。用牡于大室，禘昭王。剌（人名）御”，御有这样的用法。另外御也指将物用于神事和祭祀之意，后期的颂鼎中云“监嗣（司）新造贮（屯仓），用宫御”。东周列国时期该字的对象也及于人，像虢叔旅钟的“御于厥辟”，洹子孟姜壶的“用御天子之事”，吴王夫差鉴的“自作御监（鉴）”，用义都发生了转变，而御原本是在往来于道路上之际

所举行的排除诅咒、祈祷安全的仪礼。

在道路上施加的咒禁要使用种种咒具、咒物，而繇二下正被视为表示这种将道具复合使用的仪礼的字。《说文》中解释为“行繇径也”，《玉篇》则解作“疾行也”。走邪径之意不太可能是该字的本义。金文中繇是用作讯问敌酋之意。西周前期的小盂鼎，其铭文详细记载了战胜后的汇报仪礼，言“王命燮（人名）繇嚚（酋长）”“即嚚繇厥故”，意思是向虏酋追问叛乱的缘由。其字形是在表示誓约的言上加上祭肉，再悬垂下来白香[①]那样的饰物。䌛十二下，《说文》言“随从也”，认为是䍃声之字，不过䌛字原本是寻求神意的意思，占卜之辞就叫䌛辞。繇是在路上进行这种行为之字，所以是与道路往来之事相关的占卜。在街道、马路上常常进行占卜和诅祝之事。街衢二下是指四通的道路，即交叉路，在《左传》中记载有像“诅诸五父之衢（道路之名）”（襄公十一年）、“尸诸周氏之衢”（昭公二年）这样在街衢上举行诅盟和枭首之事。繇字也被看作举行诅盟和占卜之意，另外可能也有盘问通行者的邪恶之事的意思，所以也用作审问罪状之意。

天孙降临之时，在天之八衢上有一位神，“上照高天原，下照苇原中国”。天照大御神、高木神就命令天宇受卖神说：“汝者虽有手弱女人，与伊牟迦布神、面胜神，故专汝往将问者……”（“你虽然是个柔弱的女人，却是个在敌对的神前不甘退却的神，所以特派你去问一问”）[②]于是天宇受卖神敞着怀上前问道：“（吾御子为）天降之道，谁如此而居？”那男神回答说：“仆者国神。名猿

① 将麻或楮等分裂成细细的纤维，漂白后像白发一样束起来，用于神事中。

②《古事记》页51。译文参见邹有恒、吕元明译《古事记》页47。

田毗古神也……”遂担任了天孙的向导。猿田毗古神(サルタヒコ)是长鼻七尺、曲背七寻，眼睛直径有八尺，瞳赤如酸浆的异形神。我国将其奉为道祖神，サルダ是琉球语サダル的讹变，サダル之语就是先导、向导的意思。询问猿田毗古神的天宇受卖神后来“负其猿田毗古之男神名”而被称作猿女君，由此看来，她应是与异族接触时的施咒者。关于猿田彦（按，即猿田毗古神），则让人联想到猿，之所以有这样的传说，应该也是源出于那些施咒者们奇怪的咒饰和服装吧。

在任一地域都不乏像天宇受卖神这样行事的女子。无论是在阿拉伯地区，或是在巴尔干半岛，还是在密克罗尼西亚，都有巫女在战争时立于阵头，袒露着胸部。不只是巫女，在战争史中，像这样的女性作为军事战斗指挥的故事俯拾皆是。在中国古代，也曾有女子立于阵头施行咒术，其被称为“媚”，也是在眼部施加咒饰的魔女一类。

第五章

关于战争

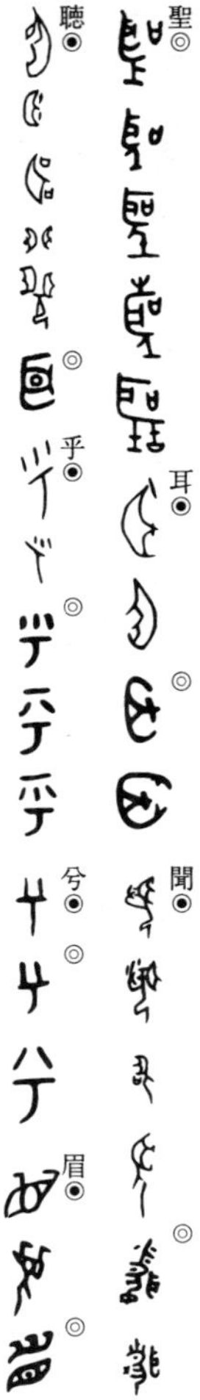

聖 耳 聞

聽 乎 兮 眉

5–3

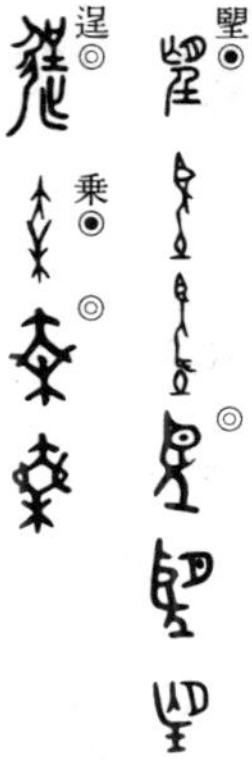

望

逞 乘

5–2

嬉 气

5–1

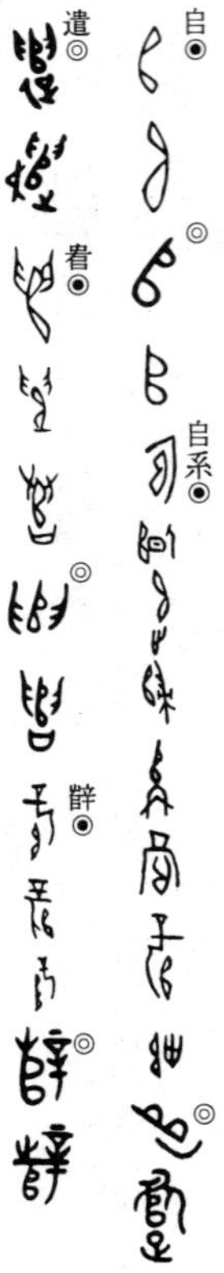

自 自系 遣 眷 辟

5–7

曆 歷 和 龢 龠 勵 秝 秝系

5–5

蔑

5–4

休 趞

5–6

寝◉

5–11

帰◉ ◎

帚◉ ◎

帚系◉

步◉ ◎

此◉ ◎

5–10

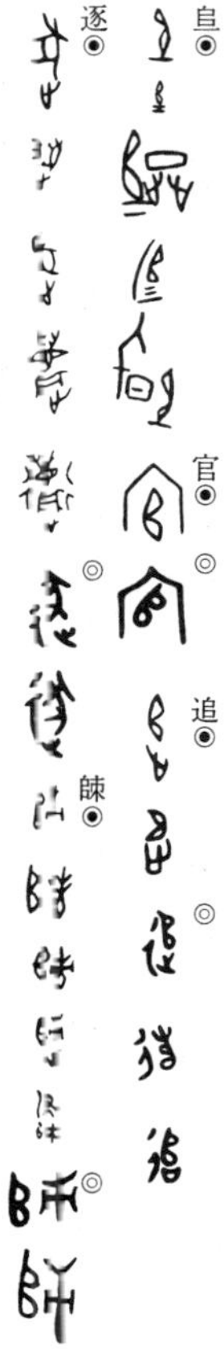

𠂤◉

官◉ ◎

追◉ ◎

逐◉ ◎

餗◉ ◎

5–9

造◎

觀◎

5–8

干◉ ◎ 戈◉ ◎ 戈系◉

戈丮◉ ◎ 丮系◉

師◉ ◎ 辟◉ ◎

学◉ ◎ 教◉ ◎ 効◉ ◎

寅◉ ◎

5–13

5–12

衛◉ ◎ 韋◉ ◎ 違◎ 囲◎

正◉ ◎ 征◉ ◎

発（癶）◉ 癶系◉ ◎ 政◉ ◎

服◉ ◎ 𠬝◉ ◎ 即◉ ◎ 卹◉ ◎ 配◉ ◎

5–16

国◎ 或◎ 邑◉ ◎ 邦◎

5–15

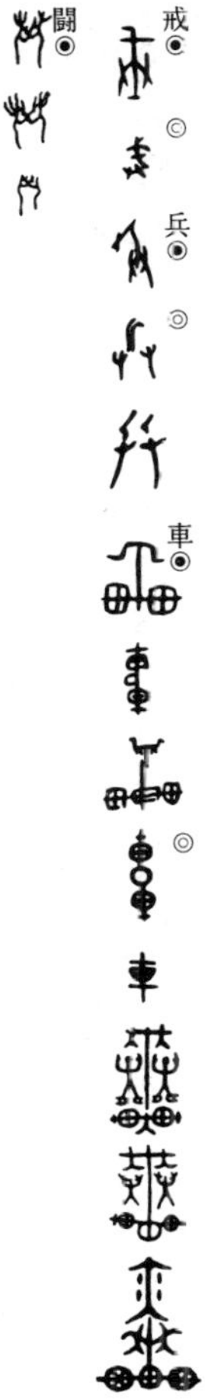

戒◉ ◎ 兵◉ ◎ 車◉ ◎

闘◉

5–14

妾◉ 辛◉ 辛◉ 辛系◉ 童◉

5–19

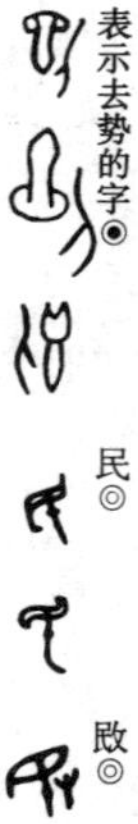

表示去势的字◉ 民◎ 敃◎

5–18

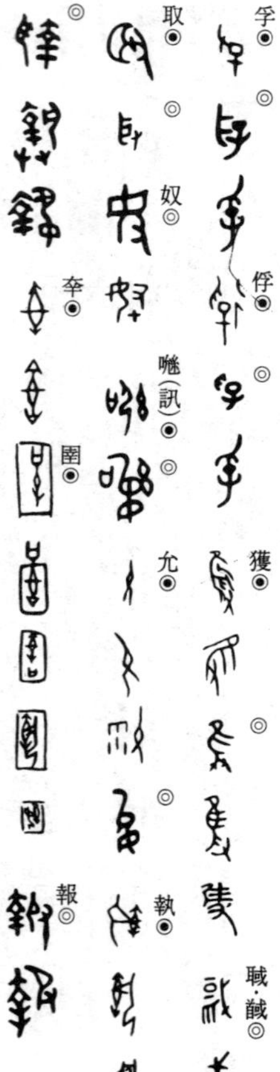

孚◉ 俘◉ 獲◉ 聝·馘◎ 取◉ 奴◎ 嗌（訊）◉ 允◉ 執◉ 幸◉ 圉◉ 報◎

5–17

囚◉

5–21

犀◎

甲◉

◎

皮◎

青◎

丹◉

◎

彤◎

彤弓·彤矢◎

漆◎

5–20

击鼓之字

战争在过去是神灵之间的争斗。四凶之一的三苗，在同嶽神之裔——姜姓诸族的斗争中败北，因此天地隔绝，被赶出神之国。另外共工同颛顼争帝失败，怒而以头触不周之山，天柱因此而折，天倾西北，日月星辰亦随之移动。夏王朝时，帝将弓箭赐予有穷氏的后裔夷羿，命其讨伐凿齿、大风、封（大）豨、脩（长）蛇等异神，夷羿最终夺取了夏朝，杀河伯，娶雒妃（洛水的女神）为妻。但是后来为其臣寒浞所杀，妃子亦被夺走。殷的先公王亥寄身于有易（国名），因迷恋有易国君之妃而被杀，之后其子上甲微借河伯之师杀死了有易国君。上甲微便是被视为殷王朝的始祖而受到祭祀的神。见于讲述自然和人文形成过程的神话中的这类诸神之间的斗争故事，可以认为是一种对遥远的时代的某些记忆的传承。诸神的爱憎支配着氏族和英雄们的命运，古人的这种观念，在迎来英雄时代后的希腊的叙事诗中，也得到了显著的体现。神与人的世界尚未彻底地分离，神自身就是氏族神，就是氏族。进入氏族时代后，他们依然以神之名进行战斗，固执地沿袭了古老时代以来的战争形式。决定氏族命运的，就是诸神，因为一切都受制于诸神的威灵。

卜辞中称敌人侵犯为“来嬉”,如“贞:有来嬉自西?”(《甲编》三五〇六)、“贞:亡来嬉自南?”(《铁云》一七八·一),还有:

> 癸巳卜,㱿贞:旬亡𡆥?王固曰:有希,其有来嬉。乞至五日丁酉,允有来嬉自西。沚馘(族名)告曰:土方征于我东鄙,𢦏(烖)二邑,𢀛方亦侵我西鄙田。《菁华》二·一

上面所说的内容,属于卜旬,王根据预兆说将有希,而事实上确有外族侵寇。所谓来嬉,是敲着鼓而进攻。但是从嬉的字形来看,是巫女所鼓之物。该字只见于卜文中。

鼓声有不可思议的力量,它可以唤起神力,将神力赋予人们。《周礼》地官中有“鼓人”一职,将雷鼓用于神祀,灵鼓用于社祭,路鼓用于鬼祭,鼖鼓用于军事,鼛鼓用于役事,还将晋鼓与礼会的金奏(钟)合用。古时在日食的仪礼中,天子、诸侯都列鼓而击之于社,社要用朱丝等物围起来而举行救日的仪礼。鼓声可以震动、恢复天地的阳气。农事开始之时,也要击鼓而迎田祖(田神),《诗·小雅·甫田》中即歌唱了这一仪礼(按,“琴瑟击鼓,以御田祖”)。苗人的铜鼓,也是在春耕之时将之从地里掘出来敲击。

战争之时,鼓声可以彰显神威、振奋士气,所以被认为是与军队的胜败密切相关之物。《左传》中有“师之耳目,在吾旗鼓”(成公二年)之说,还有在长勺之战(庄公十年)中,鲁国的曹刿等到齐军三鼓之后才命鲁军击鼓,最终获得胜利。他的理论就是“夫战,勇气也。一鼓作气,再而衰,三而竭。彼竭我盈,故

克之”。鼓声最不喜的是阴气。那是很久之后的事情：在汉代，李陵奉武帝之命深入匈奴，在夜里鸣鼓，命令士卒集合，结果鼓并没有发出朗音（按，清朗的声音），李陵认为军中可能有人偷偷藏匿了女子，于是找出该士兵与其妻子，双双斩首。其实李陵本来就知道事情的原委，这不过是其鼓舞士气的策略而已，而古时在阵头击鼓的其实是女子。嬉之所以写成鼓和女的会意字，便缘于此。就像天宇受卖神被称为“伊牟迦布神与面胜神”（「い向ふ神と面勝つ神」）一样，身为施咒者的巫女，拥鼓而立于阵头，战争以其鼓声而开始。嬉也用作蛊（灾祸）之意，卜辞中有如下的例子：

> 庚戌卜，贞：雪，不作嬉？　《粹编》一二四五
>
> 王固曰：嬉。　《前编》七·二·四

等等，这里是指行了媚蛊之术的人。作为族名、地名，可见到鼓、彭等名，另外在金文的图象中也有与鼓相关的。

如果说战争是神灵的斗争，那么其表现应该就是自然现象，比如呈现出氛祥。应该能够通过占卜而预知，或是望云气而察知。气一上指云气，是体现云气流动的字。该字也写作乞，匄十二下中所说的“气也”就是匄求之义。金文中说“用乞嘉命”“用乞眉寿”，这样的例子很多。气字也用作迄之义，卜辞中有相关的例子。这些都是气的转义，不过作为用字例，“迄”“乞”两训是非常古老的。气之吉者谓为祥，其恶者谓为氛。《周礼》春官的“眡祲”一职司掌十煇之法，“以观妖祥，辨吉凶”，就是观察云气之官。《左传》襄公二十七年中言“楚氛甚恶，惧难”，就是说在云气中看到

了有关的征兆。史书中记载有很多通过观察云气而知悉异变的故事。观察云气就叫望。

望的初文是朢（朢）八上，《说文》言“月满，与日相朢，以朝君也。从月，从臣，从壬；壬，朝廷也”，还举出其古文“𦣠”；此外，《说文》还在他处举出望（望）十二下字，说“出亡在外，望其还也”，字是“从亡，朢省声”，这两个字本是一字，朢是日月之望的意思，而望则是其形声之字，字的初文是𦣠。臣是目，壬是人站立之形。祝告而望叫謓（謓）三上。呈（呈）二上是高举祝告之ㅂ呈于神灵照览的字，逞（逞）包含有这一意思。𦣠是指高瞻远瞩，计划长远。卜辞中有叫望乘的族名，乘（乘）五下是人在木上之形，字形与桀相近，桀是磔死之象，而乘可能是人隐藏在高树的树枝上而斥候（按，即侦察）等之象。望乘这一族名，或者可能是以其职能而命名的。

自然的微妙变化和灾异，也会体现在其音上。所谓音三上，就像后文所说的，是表示神灵莅临和其启示的字。另外言三上字指的是向神灵祈祷及发誓，而与对神的祝祷相对，自然地发出的叫音。能够听懂这种音的人，被称为聖。所谓聖（聖，圣）十二上，是指如同可以通过云气而知悉妖祥那样，能够通过自然的微弱之音这一启示而洞察神意之人。《说文》对该字的解释为“通也。从耳，呈声”，但是该字中ㅂ是置于旁侧的，所以并非从呈之字，去掉ㅂ的字形即是聞（闻）的初文之形。聞十二上只是形声字而已（按，《说文》曰“知闻也。从耳，門声”）。聞的初文与见、望相同，是表示其知觉的人的象形字。聖和德相合而成聽（聽，听）十二上字，但其初文则是耳加上两个ㅂ之形，意思应该是认真倾听神意。王作为巫祝之长，被要求是最为聪明之人，不过卜辞中有“贞：王聽兹有壱？”（《缀合》一八七）这样的卜例。古时称天子处理朝政为视朝、视事、听事等，就是因为视听原本就与神事相关，是观察并洞悉神意的意思。

战争之际，为了察悉神意，有时要演奏该地域的音乐。人们认为神意也会表现在乐的音声中。“南风不竞”一语的出典，见于《左传》襄公十八年的故事中。在古代，师旷是晋国的乐官，他听到楚师来袭的消息，就歌北风、南风来占卜，以为“南风不竞，多死声”，预知了楚国会战败。《汉书·艺文志》中将“《师旷》八篇”归于《兵书略》中的“兵阴阳”，可能就是这一类的内容。以歌声知吉凶和以鼓声知胜败是相同的思维方式。

望是望云气而知其妖祥，进一步还指具有积极的厌胜、压伏之意的行为。卜辞中有“贞：勿乎望𢀛方？”（《戬寿》一二·四）、“贞：乎望𢀛方？”（《戬寿》一二·七）一类辞例。乎望二字可能是一个词组（「連語」）。乎五上，《说文》言“语之余也。从兮，象声上越扬之形也”，认为乎字指语声，不过该字是一种“呼子板”[①]的形象，兮也相同。兮五上，《说文》言“语所稽也”，即解作稽止之义，而在“楚辞”这种形式的诗句的语句间，“兮”是替代休止符的用语。乎用作招呼、役使之意，指的是发生，而兮则是休止之意，乎和兮可能存在一定的关系。所谓乎望，不仅是指望云气而察悉敌情，也具有对对方的诅咒行为之意。这种咒仪似乎是由特定之人来实施的，称之为眉人。

① 原文即为「呼子板」，具体不详。「呼子」亦作「呼び子」，是一种发出信号召集人的小型笛子，「呼子板」可能是种类似功用的板。

庚寅卜，㱿贞：眉人三千乎望𢀛（方）？ 《南北》师·一·六三

上文所引的卜辞中，占卜了用眉人三千来呼望之事。释为眉的字，是在目之上加有咒饰之形，可能是施行“媚蛊”咒术的巫女。可以看作相当于我国的猿女（さるめ）[①]之属。𢀛方是殷武丁之时，生活在山西的山陵之地，蠢蠢欲动、屡屡进击的北方强族。为此要让三千媚女进行呼望，这的确是一种适宜古代王朝的咒术性战争的打仗方法。与后宫的佳丽迥异，这些媚女活跃在战争的第一线。击军鼓的嬉应该也属于媚女之类。

军队的胜败，取决于该氏族所信奉的诸神的威灵，还有行使其威灵的施咒者们的咒力。只要敌人的咒力存在，他们就还存有战斗力。因此为了确保战争胜利，首先必须要对付施咒者，封禁其咒力。相当于被认为是“伊牟迦布神与面胜神”的猿女君的这一类女性，恐怕她们的命运就像在我国一样，并非通过结婚的形式与社会融合，而是被杀死。体现这种情形的汉字是蔑四上。该字同微一样训读作“なし”（按，即“無し”），不过微的字形是殴打长发之人，而蔑则是将戴有眉饰的媚女置于戈上而杀死之形，正是作蔑的字形[②]。这些都是将其咒力断绝的意思，所以读作“なし”。

对在战争中获得的功歷（歷，历）进行奖赏叫蔑曆（曆，历）。在西周时期的金文中屡屡见到这一用语，但是其含义一直以来都颇为费解。从其用义之例来看，原义是旌表战功，这是没有疑问的，蔑是杀死媚女之形，以此而有旌表之意，曆字是在军门记录功歷

---

①「猿女」，属于日本古代的神祇官，是在大尝祭、镇魂祭等场合，奉事神乐之舞等的女官。

② 蔑，《说文》录其篆书字形为“[篆]”（《说文解字》页72）。

之意。周初诸器中，有很多这样的例子，兹举一二：

保卣　乙卯，王命保及殷东国……蔑曆于保，赐宾。

小臣謎簋　东夷大反，伯懋父以殷八自征东夷。……小臣謎蔑曆，赐贝。

遹甗　师雝父戍在古（地名）自……遹使于㝬侯。侯蔑遹曆，赐遹金。

等等。蔑后来指伐旌、伐阅，这里的伐读音为蔑，二字是同一语。伐阅是积功、阅历之义，指门阀之家。也就是说这里的伐是蔑的省略形。

蔑四上，《说文》言“劳目无精也。（从苜）人劳则蔑然”，认为其字从戍，不过并没有说明戍是何意思。根据卜文，戍这部分相当于伐。上部是施加了眉饰之形，下部则多写作女。这个蔑字是战争终结之意，该字也从禾而写作穖七上。《说文》中虽解释说“禾也”，但并没有举出用例；如果该字是蔑加上禾的话，禾是指军门，那么穖字就是指在军门举行的蔑曆之礼。歷、曆二字的字形中都含有两个禾也是为此。

禾七上指军门，其原本与禾稷的禾字形并不相同，是别系的字。降服、媾和叫和。和二上，《说文》解释说“相譍也”，但其实并不是那样友善的状态。和字表示降服之意。在敌方的军门之前，向神立誓并约定服从对方，此谓之和。也有说法认为是禾黍之味和于口，故而谓之和，等等，不过是毫无根据的俗说而已。表示协和时用龢字，该字从龠，指的是乐音之和。龢二下，《说文》言“调也”，东周列国之器中，秦公钟上有“协龢万民”之语。龢之所以从禾，可能是因为其乐即是田乐，出于农耕仪礼。因此其字形中也有从音之形。叫作“⿰龠力(かな)ふ”的字被用作与龢相近的意思，其字是龠与力的会意字。可知禾与力都是与农耕相关的字。

厯、厤所从的秝七上，《说文》认为是“稀疏、適秝”（「疎ら」）[①]之意，指的是插苗时所取的间隔。但是并没有以禾来表示苗的例子，也不以禾来表示田土之象。《周礼》夏官“大司马”中有“以旌为左右和之门”，郑玄注说“军门曰和，今谓之垒门，立两旌以为之”。当时可能立的是旌，不过古时立的是禾形之木。金文的图象中就有这一形状，还有将此立于军门上的图形。军队驻屯之时，要“交和而舍”（按，见于《孙子兵法·军争》），设立军门。《战国策·燕策三》中所说的“乃开西和门”而“通使于魏”，就是由此军门派遣军使之意。

立于军门的禾，也叫禾表。汉代称作桓表。桓六上，《说文》言“亭邮表也”，即在驿亭竖起上端交叉之木（按，即以横木交于柱头），此为桓表，也叫华表。《汉书·酷吏传》中记载道，尹赏处决了长安市内数百名恶少年，“瘗寺门桓东”，如淳注曰，旧时在亭传（驿站）四角百步处筑土，其上有屋，屋上竖有一丈多高的柱子，柱子上有四块板子贯穿而出，这就是桓表。[②]也叫和表，就是今天所说的华表，桓表是其古制。

---

① 作者文中所引《说文》之语见于段玉裁注，而许慎《说文解字》原文为“秝，稀疏適（适）也。从二禾。凡秝之属皆从秝。读若厯”（《说文解字》页143）。

②《汉书·酷吏传》如淳注原文曰：“旧亭传于四角面百步筑土四方，上有屋，屋上有柱出，高丈余，有大板贯柱四出，名曰桓表。县所治夹两边各一桓。陈宋之俗言桓声如和，今犹谓之和表。”颜师古注曰：“即华表也。”（《汉书》页3675）

据传说，尧竖起交午柱，此柱称为诽谤之木。这就是成为神灵寄身之物的神杆，在神杆上安设箱子，人们可以自由地往箱子里投书，向神告发世上的恶德。后来在中国的城市的大道上林立着增添美观的华表，其起源可以追溯到这种神杆，是这一文化的遗留。我国的鸟居也和圣域之前所立的华表有着相似的性质。只不过鸟居之名到了《和名类聚抄》等书中才出现，其古制已经无从知悉。其原型也可见于东南亚的北部高地诸族如阿卡族（「イコ一族」或「アカ族」）中间，上面有木刻的鸟形。这是为了祓邪而建于村子入口处的，因此，鸟恐怕就是鸟形灵，亦即是说，当地的人们应是将其视作祖灵的化身。认为鸟居起源于供鸡牲栖止的栖木（「とまり木」）的说法恐怕并不恰当。

两禾是军门。后来加上庙屋而为厤九下，又在其前放上收纳祝告的器物“曰”，就是曆。在这种情形中，曰就是在军门向神进行报告的功歴之书。《说文》中没有曆字，而是作曆五上字，训为“和也”，音函。[①]因此，郭沫若认为蔑曆就是免函，是军事终了后脱掉函甲（按，即铠甲）之意，但是金文的曆和曆是两个不同的字。蔑曆之事是在两禾即军门之前举行，这种荣誉叫休六上。休有名誉和恩赐之义，金文中就使用了该字的这两种意思。关于休字，郭氏也认为该字的意思是行军当中即使在农作物上面休息也不嫌弃，不过这作为字说太过粗糙。该字的意思是在禾前接受旌表。

战胜叫作凱（凯），意为凯乐而归。凱是愷（恺）乐，另外其初文是豈五上。《说文》中认为“豈，还师，振旅乐也”，字“从豈，

---

① 据《说文解字》中华书局2013年版（页95），字作“磿”，曰“和也。从甘从厤。厤，调也。甘亦声。读若函”，本书则以“曆”字为是。

微省声”[①],但是这一解释声义皆失。豈是鼓的上部有羽饰之形,振奋军心、还师都城之时，要装饰军鼓，奏着军乐归来。金文中所见的趞，恐怕就是其字。《周礼》夏官的“大司马”中的“恺乐献于社”，指演奏着豈乐恺歌而报告其战果。以媚女的鼓声为开端的战争，通过蔑曆而确认其战果，最后奏凯乐而终。

𠂤的字系

军队叫师。师的初文在卜文和金文中写作𠂤十四上,《说文》中认为其形是“小𠂤也，象形”，也就是小阜之形。𠂤是将山之形侧立起来的字形，其音为堆。堆是略微高起的小丘。这一解释是以𠂤为比𠂤要小的丘，因为𠂤有三个隆起部分，与此相对，𠂤仅有两个，不过在卜文、金文的字形中未见到山丘之形。遇到这类形象难以把握的字形时，只能网罗包含该字形的这一系列的字的全体，思考后归纳出可行的解释，除此之外别无良策。这一方法已经在ㅂ的字形研究上尝试过了。

𠂤绝非很大的东西，而是可以持有之物。遣（今天的字形是遣）二下,《说文》言“纵也”,《玉篇》中认为是送、去之义。另外，其字为𠷎声，而《说文》对𠷎十四下的解释是“𠷎商，小块也”。[②]𠷎商之义不明，不过𠂤应该还是土块之意。卜文中将𠷎用作遣之义。像“贞：王有𠷎？”（《乙编》九八〇）、“贞：王遣，毋若？”（《续

① 中华书局2013年版《说文解字》的内容与此稍有出入,言:“豈,还师振旅乐也。一曰,欲也,登也。从豆，微省声。”（《说文解字》页97）

② 中华书局2013年版《说文》所录字形作“𦣻”，言“𦣻商，小块也。从𠂤，从臾”。（《说文解字》页307）

编》四·三五·八）这样，𠂤、遣二字同义。周初的明公簋铭文曰“唯王命明公遣三族伐东国”，指的就是军队的派遣。

从𠂤之字还有𡴀十四上[①]，《说文》解释为“危高也。从𠂤，屮声。读若臬”，辥（辪）和孼（孽，蘖）字从其形，用于辥治、妖孼等词中。屮并非声，而是鼓、南、磬等一应悬系之物的形状。若真是如此，那么𡴀就是将𠂤悬起之形，辥则是给其加上辛形的弯刀之意，则该字所示一定是悬系的，并且可以用刀切之物。

从这一点来思考𠂤的字形，就会容易地知道，其是大块的肉，即胾四下，《说文》“胾，大脔也”所说的切肉之形。师的初文𠂤，若以其形为大脔之肉的话，那么它应该是军队出行时用于祭祀的胾肉，即脤。《左传》成公十三年中记载有诸侯出师之礼：

国之大事，在祀（祭祀）与戎（军事）。祀有执膰（分祭肉），戎有受脤（授予祭肉），神之大节也。

《公羊传》定公十四年中，有“脤者何？俎实（所盛之物）也。腥（生）曰脤，熟曰膰”之说。虽说是腥，但应该指的是像腊肉一样的干燥之物。《周礼》春官“大宗伯”中的“以脤膰之礼，亲兄弟之国”，就是将祭祀后的福肉分发给同族。古代氏族作为祭祀共同体，有着氏族共餐的仪礼，因此要将祭肉分发给同族，这叫脤膰之礼。行军之际作为一种军礼，要携带祭祀用的肉，即为祖灵的依附之物。与师旅相关的文字多含有𠂤，便是出自这种军礼。

① 中华书局2013年版《说文》所录字形作“𡴀”，言“从𠂤，屮声”。（《说文解字》页305）

嗇、遣便是携带脤肉而行之形。

《周礼·春官·大祝》中记载了这种军队出行的仪礼：

> 大师（大规模的战役），宜于社，造于祖，设军社，类（祭名）上帝。

另外《礼记·王制》中说：

> 天子将出，类乎上帝，宜乎社，造乎祢（亡父的宗庙）。
>
> 天子将出征，类乎上帝，宜乎社，造乎祢，禡（祭名）于所征之地，受命于祖，受成（军礼之名）于学。出征，执有罪；反，释奠于学，以讯馘（俘虏）告。

国有大事之际，就会极其庄重地举行这种仪礼。宜是将肉置于俎上之形。造二下的初文是从艁之字，舟是盘，以之来盛放祭肉，再加上告祭用的祝告，以祈祷出行的安全。因为是在庙中进行的，所以从宀的字形很多。还设有军社，在那里祓除邪秽，将牺牲的血涂在军鼓上，以举行清洁不净的衅礼。社主是一块石头，也说是由大祝捧举着此石而行，不过行军中的“主”，即被奉为神主之物，似乎是脤肉（即自）。最后，对上帝举行類（类）祭。類是禷一上，燎犬的祭仪；祭祀上帝等诸神时多用犬牲，这在卜辞中是非常显著的事实。禰（祢）是亡父之庙，覼（觇）应该是表示庙见的字。然后在到达目的地以后，要举行禡一上，即马祭。《说文》中将禡解释为“师行所止，恐有慢其神，下而祀之曰禡”。《诗·大雅·皇矣》说“是类是禡”，毛传中则曰“于内曰类，于野曰禡”，另外小雅《吉日》中有“既伯既祷”，也称为伯。也说祭祀马祖伯劳，总而言之是师祭，即军礼。

卜文的𠂤，用作师旅、军事基地，还有驻屯地之意。

丁酉贞：王作三𠂤左中右？　《粹编》五九七

上文占卜的是编成三军之事。

𠂤般（将军之名）以人于北郑𠂤？　《后编》下·二四·一

……卜，㱿贞：王往𠂤于鄉？　《续编》一·四·六

这两例中分别指的是军事基地和驻屯一事。这种情况下，常常在𠂤的下面加上一横或者两横，一般将其看作垫物以放置脤肉之形。为了放置脤肉而专门设置的神屋，叫官。卜文中，有将官写作双手捧持“𠂤”的字形。官十四上，《说文》认为是“吏事君也”[①]，将𠂤解作众，认为是屋下有很多人之意。今天的行政机关不得而知，在官制组织并不完备的古代社会，应该并没有那么多的官吏。那些认为𠂤是指小阜高处的论者，认为官府建于高于人居之处，故从𠂤。但是官字的本义是放置作为军主的脤肉“𠂤”之处，因此还是将军的居所。西周中期的竞卣，其铭文说“伯辟父皇竞（人名）各于官。竞蔑曆”，即在官接受军功的旌表。军队所宿之处叫

① 中华书局2013年版《说文》中作“史事君也”（页305）；上海古籍出版社1981年版《说文解字注》中与作者相同，作“吏事君也”（页730）。

館（馆）五下，《说文》解释说“客舍也”，官声，不过倒不如说官是馆的初文。《周礼》地官“委人”一职中说“凡军旅之宾客，馆焉”，这种说法近于馆的初义，其指客舍则是后起之义了。馆中设楼观，也可用于候望，所以也叫候馆。原本是军旅往来时的接待之处。官后来成了官吏之意，但在古代社会，则主要用于军政方面，其时正处于一般的行政组织还非常落后的状态。

在军旅中，将军必定是供奉着脤肉（𠂤）而行动的。追二下的意思是军事性的追赶，和追逐兽类的逐二下区别使用。《说文》中以逐来解释追[①]，但追是追击的意思。

己亥贞：命王族追召方，及于□？ 《南北》明·六一六

癸未卜，穷贞：唯𦥑（族名）往追羌？ 《前编》五·二七·一

还有西周后期的不嬰簋有“王命我羞追于西”“戎大同从追女”这样的语句。追都是军事上的用字。后来则由追及之意，也用作连及之意，有追孝、追祀等语。追也有加上ㅂ的字形，和遣相同。

关于驻屯地，此外还会使用餗字。到了卜辞的末期，可见到像“癸丑（王）卜，贞：旬亡𡆥？在齐餗”（《后编》上·二五·一二）这样，将其用于地名，另外如“大甲餗”（《邺中》三·四二·六）这样，用于先王之名。在殷代后期，这样的基地名可以见到许多，这或许体现了一个事实，即殷代后期的军事组织与前期相比得到了扩大、整备。餗是从朿之字。朿是将木竖起并加以支撑之形，相当

① 《说文》言“追，逐也”“逐，追也”。（《说文解字》页35）

于作为神灵凭附之处的“斋串”。在束的前面放上自，即相当于军社，而意味着基地。

战争结束时要举行归告之礼。歸（帰，归）二上字，《说文》言“女嫁也”，认为其义为妇人出嫁，说“从止，婦（妇）省”。所谓止，是指妇人一旦出嫁就要止住在夫家。但是其在卜辞中的用义如下：

> 贞：王歸？　《乙编》三三〇六
>
> 辛卯卜，争贞：翌甲午，王涉歸？　《前编》五·二九·一
>
> 辛卯卜，争贞：勿命望乘先歸？九月。　《前编》七·四·三

像这样，都指的是出师归来。也有指畋猎归来的辞例，而歸字的本义是歸脤之礼，因此字从自。涉（涉）十一下和步（步）二上相同，都指的是参加仪礼时的方法。“贞：王自步？”（《铁云》二四三·二）、“辛酉卜，争贞：今日王步于𩫖（地名），亡巷？”（《前编》二·二六·三）等，这里的“步”字的用义与《书·召诰》中“王朝步自周，则至于丰”中的“步”相同。王亲自行进，这具有作为一种控制地灵的咒仪之意。地名中有践土这样的名称，可能特指举行这种仪礼的场所。这个“步”类似我国的“反閇”（へんばい）[①]，是种镇定地灵的仪礼。从止二上的字当中，具有这种仪礼之意的字可能有很多。此二上也被认为是原本表示讥訾行为的字。殷末的帝辛远征东夷时的相关卜辞有很多留传下来，记载了帝辛在其所在地举行践土之礼。涉也有同样的意思，《说文》解释说，“徒

---

①「反閇」，咒术性的走路步法，类似我们中国所说的“禹步”。

行厲（厉）水”，认为是徒步过河之意，不过如卜辞“庚子卜，㱿贞：令子商先涉羌于河？”（《缀合》二七六）所说，指命人先尝试过河，这与军队中有先导相同，意思是对前进之处进行修祓。歸原本是从自和帚的字，后来加上了止，表示军事中的步行仪礼之意，而并非妇人出嫁后要止于夫家这样的意思。

帚（帚）七下是浸泡在酒中的束茅（そくぼう）之形，因此帚的字形中加有水点之形非常多。《说文》解释为“粪也”，而认为是扫除之器[①]，但是在卜文中将帚用作婦（妇）的初文。“妇好”“妇姘”的妇都写作帚。根据事物起源类的传说，创造酒的少康（杜康），也是第一个制作帚的人。并非如“酒は憂いの玉箒”[②]等所说的意思，而是把酒洒在帚上，以其芬香来清洁寝庙。在帚之下加上手是⼊和浸字，都是濅（浸）灌之意的字。因此寝庙叫寢。所谓掃（扫）除就是以酒气来清洁寝庙，祓除神灵陟降的圣所的污秽，是一种神圣的作业。

寢（寝）是宗庙的正殿，祖灵居住之处。《说文》中并没有收录该字，但在寑七下字的条目中有“卧也”之解，这是后起的字。寝的初文写作寢，卜辞中有王寢、东寢、西寢、新寢之名，西周中期的金文，师遽方彝中有这样的铭文：

王在周康寢，鄉（饗）醴。师遽蔑曆，咨（侑）。

这里的“寢”便是举行仪礼的场所，《诗·鲁颂·閟宫》中歌道，“路寝孔硕，新庙奕奕”。由于要将尸（按，即祭祀时代表死者受祭的

---

①《说文》云“从又持巾埽（扫）冂内。古者少康初作箕帚、秫酒”。（《说文解字》页156）

② 译按，日语惯用语，一醉解千愁之意。

人）迎入神庙中，所以要加上爿（床）。然后给帚浇上酒，以酒气来清洁处所，这就是寝。

所谓歸，指的是将肉（𠂤）归于寝庙中之礼，归脤是其初义，即恺乐而还，行庙告之礼。金文中，小臣謰簋的铭文云“雩厥复歸，在牧𠂤”，不嬰簋的铭文云“余来歸献禽（俘虏）”，庚壶的铭文云“歸献于灵公之所”，等等，都与军事有关。后来，馈赠这类祖灵祭祀所用之物叫歸。在周初的中方鼎上有“中（人名）呼歸生凤于王”之铭文，中期的貉子卣上云“王令士道（人名）歸貉子鹿三”，另外，后来在《论语》中还有“歸孔子豚”（《阳货》）、“歸女乐”（《微子》）等例，而歸字原本是馈赠祭祀用的供物之意。

歸逐渐用作妇人归嫁之意，恐怕是西周后期以后的事情了。鲁国的公孙歸父字子家，楚国的公孙歸生也字子家。卜文中从帚字形的有十多个字，不过似乎并没有与妇人出嫁相关的字。

师与学

《礼记·王制》中，军队出行之时“受成于学”，归还之时“反释奠于学”，军旅之事与学似乎有着很深的关系。可以说，当时生徒上阵等并非一时之事，而是制度性的规定。学在古代究竟是什么样的机构，还有学宫的师到底担负着什么样的职责，这可能反映出了古代社会形态的其中一面。

师六下的初文是𠂤，后来写作師。到了西周金文中才可见到師字。《说文》解释说，‘二千五百人为师。从帀从𠂤。𠂤，四帀众意也”，认为帀是帀（匝）周，即巡绕一圈之意，但是師的右旁实为带有逆刺[①]的曲针之形。辥是将辛形的大曲针加到悬系的肉上，意思是切割象征着军队的脤肉，由此而有嬖治之义，如果是出于伤害的目的而为就成了孼（孽。灾祸之意）。師也是以帀形的曲针宰理祭肉（𠂤）之形，可能是掌管脤肉之人的意思。与師的字义嬗变同理，宰是执有用于宰割庙中牺牲之肉的辛器之人，后来则被用作像冢宰、宰相这类执政之人的意思。師是军中执行此事的人，负责祭祀牺牲等文事的人是宰，奉祀着脤肉从军前行的人是師，師是军事上的最高董事者。師是军事上的责任人，有事时自不必说，平时也要负责统辖训练等诸事宜。師原本是军官，进一步说，其本来是具有军事性的组织和机能的古代氏族的领导者。

學（学）三下，《说文》中作斆（斅），说“觉悟也”，即日语的“さとる”（按，义为觉、悟）之意，加上攴就是教之意了；其字是在教上加冖，冖指矇（蒙）昧；又说臼是字的声符。[②]教（教）三下和学在字的要素方面几乎相同，关于教，《说文》说“上所施下所效也”，认为有效之义。这些字都从攴，含有教戒之意，而效（効）三下与寅十四下二字相同，都从矢，[③]字形为正矢之形，属于别系的字。效，《说文》训作“象也”，即像的意思，而以寅为髌斥之意[④]，不过效、寅都是正矢干之象，由此而产生了法则、寅正之义。

根据卜文，學的初文是𦥯，很显然是建筑物之形。屋顶有交

---

① “逆刺”指的是枪、镞、钩针、鱼叉等物的靠近顶端的棘状突起。

② 斅，觉悟也。从教，从冂。冂，尚矇也。臼声。學，篆文斅省。（《说文解字》页64）

③ 效的篆体作 [篆], 寅的篆体作 [篆]。（参看《说文解字》页62、312）

④ 此据徐锴之说。寅，《说文》曰“髌也。正月阳气动，去黄泉，欲上出，阴尚强，象宀不达，髌寅于下也”。徐锴注曰“髌斥之意，人阳气锐而出，上阂于宀，臼所以摈之也”。（《说文解字》页312））

叉长木[1]，与我国的神社建筑相似。恐怕这是神圣的建筑物所具有的特殊样式。后来在夻下加上子，则表示教学机关。可以认为这是一种秘密结社（「秘密講」）的机关。

众所周知，在未开化社会中存在着具有年龄等级性质的诸种制度，Hutton Webster 的《原始民族的秘密结社》(*Primitive Secret Societies*，1908 年）一书很早就通过田崎仁义博士的翻译（『原始的民族の秘密講』，実業之世界社，大正四年［1915］）而介绍到我国。作为成年社会的加入仪礼，在特定的秘密结社中，要将适龄者收入，由氏族的长老们施以特别的教育。在这样一种场所里，所教授的是氏族的传统、惯例和祭祀、咒术、医疗等遍及社会生活各个方面的知识，并且进行实修。这种秘密结社的建筑物与外界隔绝，以严格的戒律为根基，学生一直与导师生活起居在一处。在那里要祭祀某一神灵，卜辞中所称的“咸戊”“学戊”等，可能就相当于这种“学祖”了。

同时祭祀“学戊”和“咸戊”的例子很多：

贞：習（侑）于咸戊？勿習？|習于学戊？勿習？　《乙编》七五三

丁未卜，大贞：習于咸戊、学戊？　《京津》二九三八

等等。此学祖被视为氏族之神，拥有影响氏族的生活的力量，下面两例便有占卜壱祸的内容：

① 日文原文作“千木”，民家草葺的屋顶上的X字形木材（「組み木」）。

贞：学戊不壱？ 《卜通》别二·中村七

贞：咸戊不壱？ 《南北》坊·一·一

也有占卜壱祸的由来的：

贞：惟学戊？贞：不惟学戊？（贞：）惟咸戊？（贞：）不惟咸戊？贞：惟祖庚？贞：不惟祖庚？ 《乙编》三四七六

这里学戊、咸戊与祖庚这样的祖王并称，受到与祖王相同的隆祀。

《礼记·文王世子》记载的是周文王为世子时的教学之法，在春夏秋冬四时之学中，要先聚集起来，释奠于先圣先师，还要举行养老礼。说行军时“受成于学”“反释奠于学”，是因为认为学就是习军礼的地方，还有养老之礼，则是对待师长之礼。很显然，这种“学”是进行所谓的秘密结社的场所。于是春夏学干戈，秋冬学羽籥，以大师为始的大乐正、小乐正对其进行指导。所谓干戈，是以干三上、戈十二下而舞的武舞。表示奉持着干戈的丮（丮）三下系的字中，与这种仪礼有关的字有很多。天子会莅临学，视察教学的成果，完毕了则祭祀先师、先圣。所谓的先师、先圣可能就相当于卜辞中所说的学戊、咸戊。记载世子之学的《礼记·文王世子》中所说的学之地，可能秉承了殷代教学的传统。

在秘密结社中，作为加入仪礼，要经过拔齿、放血、文身、割礼，还有种种近于苦行的训练，然后命新名，分定等级，课之以作为成人的一切知识和修养。以先师、先圣为学祖而祭祀之，由长老们来施以教导的“文王之学”，也是在这样的机关中施行。长老们

就是以前作为氏族军队的师长，担任军事统帅的人们。因此在学中的实修也是以有关基于氏族传统的军礼的知识和仪礼为中心的。军乐、武舞之类也是学科之一。《文王世子》所记载的学，是从儒家的礼乐立场来对这种古代教学形态（ありかた）进行解释，并加以整理。

卜辞中有云“丁酉卜：其呼以多方小子小臣，其教戒？”（《粹编》一一六二），小子小臣指的是贵族子弟，可能在国都有以贵族子弟为对象的教学机关。不过“多方”指的是异族的诸邦国。将其子弟们集中到殷都而收入这样的机关，可能是殷王朝的一项对外族的政策。教戒的戒三上，《说文》训为“警也”，是双手高举戈的字形。与持“斤”之形的兵三上相同。当时的兵器主要是戈、钺、斤、盾，还没有制作出来剑。武舞所使用的便是上述诸器。当时的战斗主要是车战，而徒兵是格斗式的战斗。鬬（鬪，斗）三下是战斗之人披头散发之形。

学宫在金文中也有出现。西周前期的大盂鼎铭文中云：

> 妹辰（黎明）有大服（重要的仪礼），余唯即朕小学。

这里称为小学，恐怕其是具有年龄等级性的，意思为康王行莅临其学之礼。其地后来被视为最高圣所——辟雍的设施之一，叫学宫。据中期的静簋，在䒤京辟雍的学宫，静受命司竞射之事。竞射是在神事之际所举行的以修祓为目的的仪礼，是辟雍仪礼之一，主持此礼的静，是东方系的氏族的后裔，所以这种仪礼恐怕是殷以来的古仪。后来也建造了像宣榭那样的举行射仪的设施。

古代的官制中，司掌神事、祭祀的史系，和司掌军事、军礼的师系诸职，各成系列。师是军长，作为氏族的长老而指导教学的全盘工作，后来乐事也由其掌管。西周后期的师嫠簋铭文说：

王若曰：师嫠，在昔先王小学，女敏可使，既命女更乃祖考嗣小辅（乐官名），今余唯鷸䝉（再命认证）乃命，命女司乃祖旧官小辅眔鼓钟（乐官名）。

可见恐怕是由师来司掌军乐，所以乐官之职也属于师系。后来称乐官为大师、小师，瞽史中也出现了司乐的师旷这样的人物，其职务仍称为师。在师系诸职所发生的这样的变迁当中，可以窥到古代礼乐创制过程的一斑。

虏囚之歌

战争是决定氏族命运的大事。人们采用一切办法来谋求神灵加护，致力于运用各种咒术去获取胜利，不过在现实中，很明显地，左右战斗结果的是双方的战斗能力。人们对境界施加诅咒，采用各种咒术方法来鼓舞神灵，与此同时，也倾尽全力地充实战斗力，完善防备。人们的居住地本身就是城塞、武装都市。国字就是武装都市的意思。

國（国）六下的初文写作或十二下。《说文》中认为或的字形是“邦也。从口从戈，以守一。一，地也”，又举出其重文“域”（按，“域：或，又从土”）。金文中，毛公鼎铭文有“康能四或”，宗周钟有“允保四或”，等等。后来又加上口就成了國。《说文》对邑六下的解释是“国也”，对于邦六下也解作“国也”，不过邑是人跪居于囗下之象，所以是聚邑而居之象。邦被视为形声字（按，“从邑，丰声”），与封字通用，《书序》于《康诰》说“以殷余民封康叔”，《分器》的序中也有“封诸侯”（《史记》说）的说法。封的金文字形，是在封土之上树起小树之形，是表示封邦建国之际的仪礼的字。有说法认为大为邦，小为国，又有说法认为小为邦，大为国，两说并行，但是邦是封建之地，国是武装都市，邑则是邑居之地，各自的字形的含义并不相同。

守卫城邑叫衞（衛，卫）二下，意思是在囗的上下周回而守卫之，而在囗的上下加上左足的足之形则是韋（韦）五下，巡回叫違（违）二下，周围障壁环绕叫圍（囲，围）六下。都是从韋获得声义的字。

向着表示城邑的囗前进的字形是正二下。《说文》解释为“是也”，是守一而止的意思，认为是是非正邪的正[①]；不过卜文、金文中所示的字形并非从一，而是从城邑之象“囗”。其形为向着城邑前进，即征服之意，正是征的初文。也即是说，征服、寇略而进行统治叫正。卜文中有在囗下加上两足的字形，这似乎是徵（征）发之意的發（発，发）的初文，是征发征服地的物资，进行掠夺的意思。因为正也是征取所用之字，所以徵租叫征。《说文》中写作延二下，训为“正行也”，不过陈公子甗中说“用征用行”，在鄘

---

①《说文》曰：“正，是也。从止，一以止。凡正之属皆从正。正，古文正，从二。二，古上字。疋，古文正，从一足，足者亦止也。”徐错注曰：“守一以止也。”（《说文解字》页33）文中所说的是非正邪之正不见于上所引文中。

大史申鼎中作“用延台迮”，是统治、榨取的意思。以强权来获取租税叫作政。政三下，《说文》解作“正也”，体现出将这种榨取视为正当权利的统治者的思想。在我国，政叫“まつりごと”，与“まつり”（按，祭祀之意）的词源相同，即对祭政的控制是政体的本质。

征服所带来的统治关系，促使社会身份发生分化。服八下的初文是𠬝三下，《说文》训为“治也”，是人屈服之象再加上手之形，与孚、俘同为立之意[①]。关于服，《说文》认为是“用也”，又说“所以舟旋”，可能是认为该字有舟行之义。[②]字形中的舟是盘之形，是服务于向神灵供荐之事的意思，原本是指参与仪礼。周初的大盂鼎上记载有服酒的仪礼，参与这种仪礼叫服事，其职事称为服，其位称为大服。金文中，担任职事叫“在乃服”，周初的班簋中说“登于大服，广成厥工（功）”，就是服职之意。即于盘中之物叫服，即于㲃（簋，食器）之前叫皀（即）五下，血盟而誓叫卹五上，即于酒樽之前叫配十四下。《说文》训配字为“酒色也”，也是参与其礼之意，金文中像宗周钟有“余〔我〕唯嗣配皇天王”、毛公鼎有“丕巩先王配命”这样的说法。配字由配命而成配妃之意。

孚三下是俘的初文，指俘虏。《说文》对孚的解释是“卵孚也”，认为是抱卵而孵之意，而在金文中有孚贝、孚金、孚马匹、孚人等说法，意思是将之俘获。孚人即为俘八上，《说文》解释为“军所获也”，认为是孚声之字，不过孚是其初文。獲（获）十上，像《说文》

---

① 𠬝、孚、俘的篆书字形分别为[illegible]、[illegible]、[illegible]，皆为人站立之形。（可参看《说文解字》页59、57、164）

② 服，说文作𦨈，言“用也。一曰车右骓，所以舟旋。从舟，𠬝声”。（《说文解字》页173）关于舟旋之意，段玉裁注曰“舟当作周。马之周旋如舟之旋，故其字从舟”，详见《说文解字注》页404。

所说的“猎所获也”一样，原本指狩猎捕获之物，卜文中写作隻，是持鸟之形。军事中有所俘获时，要切下俘虏的首级和左耳，以此来计算战功。小盂鼎中所说的“隻聝四千八百”“隻百三十七聝”便是如此。馘或者聝十二上就是其字。取三下也训为“聝也”，同为聝耳之意。①俘获之人被切去耳朵而成为奴隶，臧获恐怕原本是俘虏的意思。扬雄《方言》卷三中说“骂奴曰臧，骂婢曰获”，对男女加以区分，而《庄子·骈拇》中有“臧与穀二人相与牧羊而俱亡其羊”，都是奴隶之称。臧三下训为“善也”，含有臣的字形，恐怕是失去一只眼之人，而獲（获）可能是左耳被切掉之人。总之要给奴隶施加上一些肉体的表征。

奴婢本来都是女囚。奴十二下，《说文》言“奴婢，皆古之辠（罪）人也”，指因罪而被剥夺自由权，名字被登记在丹书（奴隶名簿）上的人。但是在战争之时，比如师寰（寰）簋的铭文中记录了其战果，说“折首执嚵，无諆（无数）徒馭，殴孚士女羊牛，孚吉金”，像这样的殴俘士女的情况很多，可以说这些都是沦为奴婢之人。嚵的字形中所含的允八下，《说文》言“信也”，卜辞、金文中也使用的是这一意思，不过在师訇簋的铭文中可见到赐予“夷允三百人”之说，允字则是将人之手缚于身后之形。执嚵的嚵是《诗》小雅《出车》和《采芑》中“执讯获丑”的訊（讯）三上的初文。将虏囚之手缚于后，加上ㅂ，意思是令其立誓并回答讯问。

執（执）十下从幸（㚔），即加上手械之形，表示拘执之意。报复的報（报）十下也从幸，《说文》解释说，“報，当罪人也”，“𠬝，

① 取，捕取也。从又，从耳。《周礼》“获者取左耳”，《司马法》曰“载献聝”，聝者，耳也。（《说文解字》页59）

服罪也”。报字为（因果）报应之意，后来喜庆之事也使用该字，祖灵的恩宠叫文报，作为宾礼而馈赠璧玉之类叫宾报，另外，回报恩宠的祭祀称作报祀，而报一语本来表示的是“报复刑”性质的法的观念。因此拘执的地方叫圉圄，后来写作囹圄。讯问罪人叫讯鞫。訊（讯）的初文是𠳊，讯鞫的鞫十下，《说文》言“穷理罪人也”，“竹声”，但是限定符（竹）不一定就是声符，可能是施加以竹笞的意思。幸是手械，勹是人，幸和勹表示執，而言和𠳊从口相同，指的是发誓不作虚伪之言的自我诅盟。

俘虏等非自由民，自由受到限制，以刺青等身体的一部分受到损伤作为标识，采用这种方法与良民区别开来。其中，将牺牲献给神灵这种方法，起初即是断首祭枭，也会将牺牲的眼睛弄伤，而以之为神的徒隶。臣三下便是表达这一意思的文字，前文已经讲过。取去俘虏的一只眼睛的做法相当普遍，同烙印等不同，这应该多少有些宗教性的原因。这些臣的管理者，是叫作小臣的圣职者。以小臣伊尹为首，金文中作为作器者而出现的小臣，可以说皆作为圣职者而拥有极高的身份。用手去弄伤眼睛之形叫臤三下，恐怕这是賢（贤）的初文。希腊和罗马的贤人中，常常有奴隶出身者。豎（竖）三下也指内臣，《周礼》天官中有“内豎”[①]，似乎属于寺人、阉人之类。寺人、阉人就是后来的宦官，即去势者。去势似乎也是一种施加于俘虏身体的做法，卜辞中就有占卜将羌人去势的辞例。

民十二下也是指被夺去视力之人。《说文》中解释为“众萌也”，

① 《周礼·天官·内竖》曰：“内竖掌内外之通令，凡小事。若有祭祀、宾客、丧纪之事，则为内人跸。王后之丧迁于宫中，则前跸。及葬，执亵器以从遣车。”（《周礼正义》页550）

郭沫若认为同盲一样，是奴隶之意的用语。眠是指眼睛的状态的字，正如臣被作为神的徒隶而献出一样，民本来指的也不是自由人。西周时期的金文中，大盂鼎有“匍（敷）有四方，畯正厥民”，大克鼎有“惠于万民”，还有师询簋铭文说“肆皇帝亡斁，临保我有周雩四方，民亡不康静”，等等，从这些用例来看，民一语应该是用来称呼自己的氏族以外之人的，即用来称呼有服属关系的人。攻击民叫敃三下。原本民和臣相同，应该都是作为牺牲而被献给神灵的人。可能是因为古代有这样的观念，即所有的被征服者都应当被献给征服者的氏族神。众萌即逃亡者、亡命者的意思，而在氏族制的时代，除了被流放之人和俘囚，应该再没有其他脱离者。民可以说是在总体性的所有关系中处于服属地位，也就是说可以视之为“部民”。《神代纪》下有“俳優の民”（俳优之民）之语。《诗》卫风有一篇叫《氓》，歌唱了一位被买丝之人唆诱而贻误终身的女子的悲哀，像这样的行商之人和出奔之人的故事，显然是氏族秩序显著弛缓时期的产物。

对俘囚，要同处置犯罪者一样施加刺青。刺青原本也有献给神灵的牺牲的标记之意。像这样的被施加了刺青的人，男的叫童，女的叫妾。妾三上是将辛（针）加于女子身上之形，在卜辞中，也会向自然神和祖灵献上妾。《说文》中说“有辠女子，给事之得接于君者。从辛，从女。（《春秋》云，女为人妾，妾不娉也）”，认为是婢妾之称。辛三上是部首，《说文》中言“辠也。从干、上”①，即干（按，犯之意）上之意，其字形为作为辛，即刺青之器而使

① 《说文》云，辛，“从干、二。二，古文上字”。（《说文解字》页53）

用的较大的针。卜辞中有“示壬妾妣庚”(《之余》四·二)、“示癸妾妣甲”(《拾遗》一·八)这样的说法,另外也可见到“河妾”(《后编》上·六·三)等用例。示壬、示癸是被称为“六示”的上甲以下直至示癸的先公的系谱中的最后两位神,作为配偶神首见于卜辞中,是神话性质的祖先神。妾之称基本不用于人王之妃,从“辛酉卜:于河(沈)妾?”(《后编》上·六·三)、“丁巳卜:其燎于河牢,沈妾?”(《后编》上·二三·四)这些辞例中也可以得知,妾原本是作为牺牲被献于神灵的。在金文的用例中,也有如伊簋的“併官嗣(司)康宫王臣妾百工”,师獸簋的“併嗣我西偏东偏(圣处之名)仆驭百工牧臣妾”,妾是使役于宫庙和其供物所(「御料地」)的人。妾用作妻妾之义是后起的用义,妾本来是指神灵之妻。

童三上也指奴隶。《说文》中言“男有辠曰奴,奴曰童,女曰妾。从辛,重省声”,而从卜文的字形看,字的主要部分是在目之上加上辛之形,下部则加以重之形。重八上字,《说文》言“厚也”,“東(东)声”。重的字形是在橐之形“東”的下面加上土,而为轻重的重,童的初文便是这个形声字。在目上施以黥的刑余之人叫童,将其用于徒役;也有幼童之意,因为幼童不可以结发。被奴役的人们在劳作时所歌者叫童谣,这并不是儿歌(「わらべ歌」),而是劳动歌,而所谓谣就是咒歌。童谣是临事而作,含有政治性、社会性的言论,《左传》和《史记》《汉书》等史书中著录了很多这类内容。我国的《天智天皇纪》《皇极天皇纪》中所见的童谣也属这一类型。童谣一语,在日语中读作“わざうた”①,可能是因为把

① わざうた,古代的一种内含社会性、政治性的讽刺或者预言,且作者不明的流行歌谣。被认为是神借人,特别是小孩之口而歌。

谣看作产生妖祥的咒歌。童谣可以说是一种无意的言占，古时以之为神意的启示。

《左传》宣公二年中，宋国的服役之人筑造城墙时，华元前来巡视，由于他在与郑国的交战中败走，所以人们揶揄他，齐声唱着童谣“睅其目，皤其腹，弃甲而复。于思于思，弃甲复来”，大意是“眼珠凸出，便便大腹，丢盔弃甲逃回来。哎哟喂哎哟喂，丢盔弃甲逃回来”。华元很是生气，使其骖乘反唇相讥，唱歌回应道，“牛则有皮，犀兕尚多，弃甲则那”，换言之，即“牛有皮，犀和兕牛还很多，区区弃甲不需说”。被人用歌讥讽，再用歌反驳，这便是祓除诅咒的方法。甲十四下本来是表示龟甲的裂缝的纹路的字形，不过也指用皮三下革三下制作的兵器。革是完整的兽革的形状，霸七上的字形当中含有其形。皮是剥取兽革之形。剥四下字的意思是用刀剥去兽皮。甲胄的胄（冑）七下是戴上兜鍪之形[①]，殷代遗物中已经有了青铜制的兜鍪。

华元之歌唱完之后，劳役们立刻又作歌责难他：“从其有皮，丹漆若何？”意思是说，即使有皮，又去哪里找涂在皮上的丹和漆？就像郑国的然丹字子革，丹五下是在革上描绘时必要的物品，产于巴、越之地，也涂在仪礼用的弓矢上，漆也是南方所产，在当时都是贵重之物。华元没法反驳劳役们，于是说“去之。夫其口众我寡”而逃离了现场。虏囚们大约就是通过这样的讽刺和批判来稍稍排遣一下心头的抑郁吧。这就是童谣。其旨趣类似歌垣[②]中的

---

① “冑，兜鍪也。从冃，由声。”又作“䩜”之形，“《司马法》冑从革”。(《说文解字》页154）

② 译按，歌垣是日本古代的风俗，采取男女对歌的形式。

对歌比赛（「口合戦」）。

《天智天皇纪》中的童谣，原本好像也是歌垣的歌。

打橋の　集樂の遊びに　出でませ子　玉手の家の　八重子の刀自　出でましの　悔いはあらじぞ　出でませ子　玉手の家の　八重子の刀自[①]

（到板桥之桥头来玩耍吧，好姑娘。玉代家的八重子姑娘。你来了，绝不会有后悔之意，快来吧，玉代家的八重子姑娘。）

像上面这首歌的内容，是在临时搭起来的便桥（「かり橋」）边举行歌垣，歌唱吸引女性之事，并非格外有什么暗示性的内容。据记载，这首歌谣产生的时间是天智九年，这年正月，时有禁止诬妄、妖伪之令；夏四月癸卯朔壬申，夜里法隆寺起大火，且有大雷雨，接着就记载下了这首童谣。可以说这是效仿《后汉书》等史书中的例子，认为宫殿失火是由女性的怨恨所引起的，不过在信奉言占的我国古代，本来就有将歌谣作为谶言来解释的思想、观念。但是像《天智纪》中的这首歌等，在催马乐的《竹河》中也能找到这一类的歌，所以原本应该是歌垣之歌。

劳役者的歌也被称为“輿人の誦”，原本是咒诵。《左传》中记载道，鲁国的“国人诵之曰”（襄公四年），郑国的“舆人诵之曰”（襄公三十年）、“又诵之曰”（襄公三十年）等，其内容为对臧纥的战败、子产的政策进行批判。这称为舆论，今天则变成“世論”了。[②]

---

① 见《日本书纪》卷二十七页7。所附中文由本书译者译出。

② 译按，今天中国仍然叫舆论，而日本叫世论。

舆十四上是“车舆”，以车运送物品之意，舆人则多数从事筑城等工役，大体都是虏囚。

虜（虜，虏）七上，《说文》言“获也。从毌从力，虍声”，而其下部是在男子的头部拴上绳子之形。虎贲和戲（戏）原本是军事上的部队名，从这点来看，该字从虍，可能是军虏之意。《礼记·曲礼上》有“献民虏者操右袂”，郑玄注说“民虏，军所获也”。

囚六下字在卜文中是死的意思。《说文》解释为“系也”，认为是将人俘获，置于囗中之形，是虏囚之义。卜文中的字形从井之形，有如下文例：

贞：王舌疾，唯有古（蛊）？囚？　《甲编》三〇八〇

可见囚字是死之意。井恐怕是棺椁之象。死则是跪拜骸骨之形，更接近吊葬之义。可能是因为被遗弃在战场，尸体为敌方所获，于是囚就有了虏囚之义。后来变成了囚狱之义，囚狱之名有灵台、圜土、羑里，等等，很多是圣所的名称，一般认为虏囚原本就是圣所中作为牺牲的人。

虏囚之歌以童谣和舆诵的形式呈现，可以说体现出了对异族之人所歌唱的内容较为敏感的古代人的心性。战败而服属的异族，以其歌舞来侍奉征服者，可以认为采用这种形式也是相同心性的表现。国栖奏其歌，熊袭献其舞，[①]也是降服者的仪礼。在中国古代，在周庙举行祖祭的时候，也有相关的仪礼要求被周灭亡

① 译按，国栖（くず）、熊袭（くまそ），都是古代日本的少数民族。

的殷王朝的子孙们作为客神而参加祭祀。《诗》周颂中的《有客》《有瞽》等，就是他们的诗、他们的歌舞。虏囚之歌并不只是少数人的哀叹，也与氏族和国家的命运紧密相连。这就是本章关于战争所要讲述的内容。

第六章

原始宗教

希◉

殺◎

6–3

攸◉

◎

歲◉

◎

6–4

過◎

壱◉

祟◉

◎

6–2

尤◉

◎

裘◉

◎

田(文田)◉

田(亡田)◉

6–1

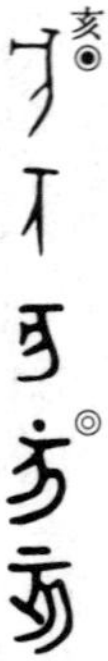

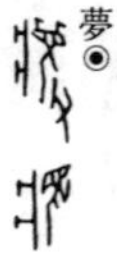

夢◉

6–8

兌◉

◎

若◉

◎

6–9

龔◉

◎

媚◉

◎

蠱◉

6–7

亥◉

◎

6–5

弾丸◉

霝◉

◎

霊◎

6–6

舞◉ ◎ 無◉ ◎ ⿱雨無◉ 雩◉ ◎

6–13

区◉ ◎ 殴◎ 攴系◉ ◎

6–12

匿◎ 如◉

6–10

訶◎ 可◉ ◎

6–11

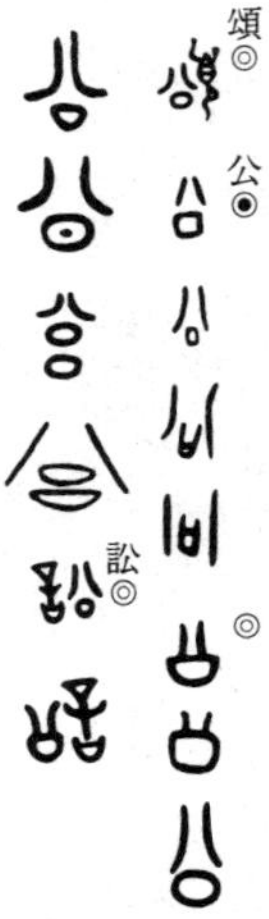

頌◎
公◉
訟◎
◎

6–19

夔◉
◎

6–16

醙◎
醙◎

6–17

夏◎

6–18

楽◉
◎
声◉
巴◉
矣◎
朕◉
◎

朕系◎
共◎

6–15

䨏◉

6–14

万物有灵论的世界

关于原始宗教中的灵魂（「霊」）观念，自17、18世纪的恐怖说、怨灵说等以来，有诸多学说试图进行解释，不过这些解释大体上都是基于对未开化社会的调查，而对于古代文化民族宗教观念产生过程方面的资料的使用少之又少。未开化社会里的诸多宗教观念，是作为与其生活环境相适应的观念而产生的，换言之，宗教观念是在其发展停止时期而流行的，所以从该处起就不具有向着宗教思想形式的方向连续发展下去的内容。从这个意义来说，首先必须要明确文化民族过去的经验。也就是在文化的逐步发展中，宗教或者思想等往高层次发展者，有其自身的历史。原始的古代观念的发展阶段说也应放在这样一种基准中进行思考。汉字作为这样的古代的记录、作为古代文字，为我们提供了丰富的资料，具有充分的探讨价值。

卜辞中表示祟（たたり）的语言，多采用兽形之字，如尤、囚、𠦪、冎、㞢、龚等字。尤十四下，《说文》训为“异也”，认为字“从乙，又声”，不过该字并非形声，整体属于象形，其字形近于被磔杀之犬，可能是表示作祟的动物灵。尤在许多与祭祀相关的卜辞中都有出现：

丁丑贞：戊（日）衣（直系祖先王的合祀），亡尤？《续存》二·八三三

丁未卜，贞：王宾大丁祭，亡尤？ 《前编》一·四·五

丁亥卜，贞：其虫（有）尤？十二月。 《粹编》一二七〇

其字也写作䀇，用例同“亡尤”，所以可认为是其异体字。该字是尤加上了骨之形“⊞”，不过⊞可能是与郵（邮）相通之字。《吕氏春秋·先识览·乐成》中孔子始为鲁国所任用之时，鲁人作了讥讽之歌：

麛裘（幼鹿之裘）而韠（礼服的遮蔽在衣前的服饰），投之无戾。韠而麛裘，投之无邮。

裘八上是皮衣，原本是象形字。无邮即亡尤、亡䀇之意。传说中黄帝时作乱的蚩尤，又写作蚩蚘，该神可能被视为拥有咒灵的蛇形之神。据后唐马缟《中华古今注》记载，蚩尤是兽身，铜头铁额。

⊞好像是骸骨（「残骨」）之形，可以视为同系的字有数个字形，都是表示祸殃的字。

帝其降䀇？ 《京津》一一二五

帝弗其降䀇？十月。 《佚存》二六

帝其作王䀇？ 《乙编》四八六一

像上述辞例一样，由帝降下𡆥的例子很多。因此遇到像雨持续不断等情况，会进行这样的占卜：

甲申卜，𡆥贞：兹雨，唯我𡆥？　《乙编》四七四二

咼也是从骸骨之象的字，其在卜辞中的用例多为由祖灵或者某种动物灵带来“咼”。

贞：父乙咼王？｜贞：父乙弗咼王？贞：王咼唯蛊？贞：王咼不唯蛊？　《缀合》二八六

还有“贞：三咼龚？”（《乙编》三四四一）、“贞：王咼不唯有巷？”（《乙编》四〇三三）这样的例子。祖灵之外，蛊、龚、巷等也被认为是“咼”的原因。

咼二上，《说文》中训为“口戾（口祸）不正也”，该字形是在冎上加ㅂ之形，被视为使用骸骨的仪礼，冎应该是剔去牺牲之肉的意思。禍（祸）和過（过）字从此出。

贞：禘于东，薶（埋牲），咼豕，燎三宰，卯黄牛？《续编》二·一八·八

庚戌卜，𡆥贞：燎于西，咼一犬一南，燎四豕四羊、南二，卯十牛、卤一？　《库方》一九八七

上述的辞例中，咼字指的是用牲之法，除了犬，还有豕，有时还

用南人作为牺牲。犬是祓除邪灵之物，而使用南人那样的异族，也被视为对东、西等天神举行的特殊仪礼。

占卜壱、亡壱的例子极其多，似乎是占卜灾祸的最普遍的用语。为壱的神灵中，有以帝为首的河、岳等自然神系统的神，以及夒、婁、王亥、黄尹、多臣等先公及旧臣，还有父甲、父庚、父辛、父乙和母己、母庚等，有很多是被视为武丁的近亲的祖灵。另外其作祟的内容也涉及天象、年谷、疾病等多个方面。下面所引卜辞便是其例：

贞：唯帝壱我年？ 《乙编》七四五六

壬寅卜，殻贞：河壱王？ 《乙编》五二六五

惟岳壱雨？ 《粹编》七九二

惟王亥壱雨？ 《乙编》二八九三

贞：王听唯壱？ 《缀合》四四一

龚主要是就疾病进行占卜，卜例如下：

疾齿，龚？ 《丙编》一三

贞：有疾目，龚？ 《乙编》九六〇

贞：疾止（趾），龚？ 《遗珠》三四〇

另外据下例，龚被认为是由先人之灵所降下的。

御妇鼠子于妣己，允有龚。 《戬寿》七·一六

帝等自然神、祖灵等降下了这些壱祸，不过表示祸事的文字几乎都是用动物的形象来表记的。这可能体现出这样一种观念，即认为壱祸的原因在于某一咒灵。也就是说，可以认为其基础就是万物有灵论。

壱在《说文》中写作它十三下，解释说，“虫也。从虫而长，象冤曲垂尾形”，此外还说“上古草居患它，故相问‘无它乎’”。蛇是其重文（按，即异文）的字形，卜文中也使用壱、它两个字形（《粹编》一一）。《说文》所说的“无蛇乎”和后来的“无恙乎”是相同之语。恙见于《神异经·中荒经》，其言“北方有兽焉，其状如狮子，食人，吹人则病，名曰獇”。卜辞的“亡壱乎？”是占卜之语，询问是否有神作祟，因而并非平日里的存问之语。

祟的初形写作㣇九下，是奇异的长毛兽之形。㣇有时会被当成神来祭祀。“禘㣇？”（《前编》一·三一·一），就是将其视为帝，而占卜禘祭之事。㣇属于上帝一系列的神而受到祭祀，有时也会读作“㣇示”（《明氏》五一八、《续存》二·一八四），可能是被视为拥有咒能的㣇神。

㣇被认为是长毛屈尾、拥有最强大的咒能之兽，因而令人们畏惧。《说文》中解释为“修豪（长毛）兽。一曰河内（地域名）名豕也”，下部是其“毛足”之象（按，《说文》云“下象毛足”）。其毛足之状与蝟（猬），即刺猬（はりねずみ）相似，蝟的初文彙九下本来就是从㣇之字。蝟看到人就会蜷曲起来，像刺球一样，像鬼蜮（水中的怪虫）一样善变化，不过传说其见到鹊就会自己仰朝天，露出肚子，任其来啄，实在是不可思议。之所以说其是“河内名豕”，可能是在该地对拥有咒能的㣇的信仰一直流传到了后世的缘故。东周列国时期的蔡器，蔡的字形与卜文中的𣏂极为相似，祟一上应该是其异文。也就是说𣏂、祟、蔡恐怕原本是一个字，关于𣏂的音，《说文》言“读若弟”，但应该不是其古音。原本该字就与蝟相异。

给𣏂加上攴就是殺（殺，杀）三下字。《说文》训为“戮也”，认为是杀戮之字，不过殺原本是表示咒术性仪礼的字。《说文》的殺字条中收录了其古文三个字，其中也有与𣏂相近的字形。殺字可能也读作蔡之音。关于四凶放窜的传说，《书·尧典》中记为“竄（窜）三苗于三危（地名）”，《孟子·万章上》中说“杀三苗于三危”，另外《左传》昭公元年有“蔡（𣏂）蔡叔”之说，殺、竄、蔡用作相同的含义。殺原本是放窜之意。

殺是殴打𣏂之象，所以应该认为该字表示的是被除𣏂的咒能的共感咒术。其为祓除𣏂的咒能，从而使诅咒归于无效的咒术行为，所以是相当于“減殺（げんさい。按，降低、消减之意）”之殺的用语。人们以为，对待所有的行使咒灵的诅咒，对那些被认为拥有这诅咒中所使用的同种咒灵者进行殴打，将之击退，就能够祓除邪祟；殺字之所以意味着减殺便是为此。

对于巷也有同样的防御方法，即殴打拥有相同咒能的蛇，以祓除其巷祸。这种行为叫作改三下。《说文》中训为“更也”，认为是更改之意；该字是从己之形，李阳冰注释《说文》，认为是因为自己有过失故而被殴打而改正之意[1]，这只不过是道学的解释而已。改字原本应当写作攺，《说文》也举出了攺三下字，认为是“毅

① 《说文解字》改字条下曰：“李阳冰曰，已有过，攴之即改。”（《说文解字》页62）

攺[①]。大刚卯，以逐鬼彪（魅）也”。改是由攺的音[②]，将巳改为己，二者原本是同一个字。卜辞有曰：

> 贞：至于庚寅（日）攺，乃既，若（吉）？勿至庚寅攺，不若？　《丙编》七六

记载了这种仪礼，该仪礼如“贞：先攺于祖辛歲？”“戊辰卜：其示于妣己，先攺？”（《缀合》一七）所示，是在祭事之前举行，其目的应该是修祓。歲（歲，岁）二上原本是祭名，可能是用肉的祭仪。之所以从戉和步，那是用于年歲之意之后的字形了，卜辞中有“来歲”（《乙编》五八九八）的用例。攺中所用牺牲并不仅限于蛇，也会使用人牲和其他动物：

> 壬〔戌〕辰卜，牵贞：攺羌，自妣庚（以下的祖妣）？｜贞：攺羌，自高妣己？　《乙编》六七四六

像这样，常常将羌人用于先王之妣的祭祀中，可能是因为人们认为异族也拥有与帚同样的咒灵。有时会使用非常多的数量：

> 甲子卜，㱿贞：勿攺羌百？十三月。　《铁云》一七六·一

像这样达到百人的卜辞有好几例。其他还可见到牛、羊、犬、豕

① 中华书局2013年版《说文解字》（页64）则作“攺，毅改”。
② 关于二字的读音，《说文》云“攺，从攴，巳声。读若巳”，改、攺二字的注释皆为“古亥切”。

等例，这些都具有作为牺牲的意思。人们以此来对抗咒灵的诅咒，认为这样做即可祓除诅咒。这就是更改咒术。所谓更改就是“あらたむ”，是“あたらし”。[①]《说文》第三下认为更是“改也”，认为變（变，变）三下是“更也”，应该都是击打咒器、祓除妖祥的仪礼。变更、更改是更新的意思。在我国的古训中，更、改、革都读作“あたらし”，其本是由“あらたし”（按，即“新たし”，亦为新之意）转换读音而来，而“改变”之类就意味着新生。比起减杀之意的殺，这种方法具有积极的意味。

毅改也叫大刚卯，是一种咒符。但是从字的初义来看，毅是殴打亥之形，亥十四下与帬相同，是拥有咒灵的兽的形状。改也是殴打巷灵之字，所以毅改指的是同一种咒术，后来则变成了祓除邪鬼的毅鬼符，写有特定的咒语而戴在身上。汉代的口诀体（韵文形式）字书《急就篇》中有“射魃辟邪除群凶”之句，据唐代颜师古的注，射魃就是大刚卯，是用金玉和桃木制成，在上面写上咒文，以彩丝系在臂肘上的咒符。[②]其制可见于《汉书·王莽传》注中，服虔说刚卯“长三寸，广一寸，四方，或用玉，或用金，或用桃，著革带佩之”，在正月的卯日制作。之所以用桃木，是因为人们认为桃有祓鬼的咒力，比如为祓邪而举行的射，所使用的就是桃弧棘矢。我国的神话里，也有在黄泉平坂向鬼掷桃的传说。

---

① “あらたむ”，即“改む”；“あたらし”，即“新し”，都是（使变）新的意思。

② 关于《急就篇》卷之三的“射魃辟邪除群凶”，颜师古注曰：(射魃、辟邪，皆神兽名也。魃，小儿鬼也；射魃，言能射去魃鬼。辟邪，言能辟御妖邪也。谓以宝玉之类□二兽之状以佩带之，用除去凶灾，而保卫其身也。）一曰射魃谓天刚卯也。以金玉及桃木刻而为之。一名毅改。其上有铭，而旁穿孔，系以彩丝，用係臂焉，亦所以逐精魅也。（汲古阁本《急就篇》，卷之三，页11）

进入平安朝以后所流行的卯杖、卯槌之类，也是要在正月卯日做好而赠送与人，这与视桃杖为殺鬼符的习俗是相同的。《枕册子》[①]（“可怜相的事”）中有云：

御ふみあけさせ給へれば、五寸ばかりなる卯槌二つを卯杖のさまにかしらなどを包みて、山橘·ひかげ·山菅などうつくしげに飾りて、御ふみはなし。

（〔中宫〕打开信来看时，里边原来是两个约有五寸长的卯槌，拼成一个卯杖的样子，头上裹着青纸，用山桔、日荫葛、山菅等很好看的花草装饰着，却是没有书简。[②]）

在包着卯槌的头（かしら）的小纸上写有这样的歌：

山とよむ斧のひびきをたづぬればいはひの杖の音にぞありける

（寻找响彻山上的斧声，来到的时候，原来是祝杖筑地的声音啊。）

卯杖是用于祝言的。

刻在大刚卯上的咒言却不是这般友善真挚的歌，由于是咒符，其措辞十分威严，令人敬畏。在桃杖上所刻的两行咒言有诸多形式，

① 即《枕草子》，日本平安时代中期担任中宫（皇后）定子的女房的清少纳言所撰写的随笔集。
② 以上译文参见《日本古代随笔选·枕草子》第七六段《常陆介·其二 雪山》，周作人译，人民文学出版社，1988年，页105，下同。译按，卯槌，在古代日本，贵族于卯日互赠卯槌以驱邪。

其一是这样说的：

> 正月刚卯既央，灵殳（杖）四方，赤青白黄，四色（四方之色）是当。帝令祝融（火神），以教夔、龙，庶疫刚瘅，莫我敢当。《汉书·王莽传中》晋灼注

“庶疫刚瘅，莫我敢当”是一定型句，所以其原本应是除疫疠的咒符。祝融、夔、龙同我国的让“オホタタネコ”（《古事记·崇神天皇记》《日本书纪·崇神天皇纪》）来祭祀大物主神[①]相同，另外也与《备后风土记》中的“苏民将来”[②]的咒符颇为相似。《祝词》的“道飨祭”“镇火祭”等是将其正式仪礼化了。

人们认为疾疠会化为邪鬼、怨灵，要对其进行“弹劾”。我国的追傩等也属于这种遗俗。彈（弹，弹）十二下，《说文》言“行丸也”，是发射弹丸的意思。丸九下，《说文》言“圜倾侧而转者”，认为是仄的反形（按，“从反仄”），不过卜文中有在弓弦中间加上小圈的字。《左传》宣公二年中有这样的故事：晋灵公从台上向人射弹丸，看人们躲避的样子而取乐。另外卜文中有写作将弓弦从中间弄断之形，有在右边加上支的字，这可能就是弹的初文。也就是说是

---

① 大物主神是大国主神的别名，大神神社的祭神。《崇神天皇纪》和《崇神天皇记》中记载了由于这位大神降灾而疫病流行的神话：大物主神出现在崇神天皇的梦中，要求让神之子オホタタネコ（意富多多泥古）来祭祀自己。天皇遵从神命，疫情终于平息下来了。

② 日本神话故事之一。传说古时住在北海的武塔天神去向南海神女求婚的途中，由于日落天黑而向将来兄弟家求宿。哥哥苏民将来非常贫困，而弟弟却很富有。弟弟拒绝了留宿，但哥哥却愉快地留武塔天神住下。数年后，武塔天神带领八柱之子前来报答前次的恩情。他让苏民将来一家人将茅草扎在腰上。那一夜除了苏民一家外所有的人都因疫病而死。此时神方宣称他是速须佐能雄神。后世遇到流行瘟疫，人们即自称是苏民将来之子孙，且将茅草缠于腰间，即可免除灾难。

鸣弦之意，弹是其形声字。卜辞中有云：

> 二十人其弹？　《拾掇》一·三九二
>
> 羌……弹五十？　《后编》下·六·七

将之施于羌人等，可能就是所谓的弹劾。鸣弦也是我国古已有之的一种弹鬼之法。劾十三下，《说文》言“法有辠（罪）也”，认为是亥声之字，不过劾恐怕是毅的异文。《急就篇》中有“诛罚诈伪劾罪人”之说，意思是弹劾有罪之人。但是弹劾原本是祓除邪鬼疫疠的方法，再进一步追溯，则本是祓除动物灵的方法。所以将“弹劾决议案”之类的东西提交议会，实在是与议会这种神圣的场所不相称。

询问事之吉凶的卜辞中之所以用尤、告、希、龚等表示动物灵的字，是因为人们普遍认为这些动物灵拥有可左右人的吉凶祸福的咒力。占卜的内容不仅是自身的安全和疾病，还涉及天象变化和战争、往来通行、祭祀牺牲等，遍及社会生活的全部。灵的世界就是由这些咒灵所控制的地方，这种观念根深蒂固以后，这些咒灵也很快就成了表示自然神和祖灵的威灵之语。自然神和祖灵用神、灵之语来表示，这时已经不再是万物有灵的泛神论的世界了。神（神）一上的初文申是电光的形象，灵则是表示祈雨的仪礼之字。

靈（霊，灵）的初文是霝十一下，《说文》中解释为“雨零也”，下部的3个口是雨落下的象形。但是其卜文、金文是在雨下列有3个ㅂ的字形，ㅂ是祝告之器，即为表示列有众ㅂ而祈雨之意的字。

《说文》中还著录了靈一上字，解释为“靈巫，以玉事神”。关于玉，在大旱而祷告时会用瓏（珑）一上，可能就是含有那玉的字。东周列国时期的庚壶上，有在霝下加上示的字形，也是向神祇祈祷之意。

祈雨的仪礼是由巫来施行的。《说文》靈字条中，作为重文而收录了靈（靈）字。[①]金文中，齐器叔夷镈有“靈力若虎”，就用了靈字，而霊（灵）原本是表示舞雩习俗的字。《楚辞》的“九歌”是古代的祭祀歌谣，多数是由巫来扮作神灵而歌舞的。因此称巫祝为霊，巫祝之长为霊修。一般认为《离骚》中的霊修指的是楚怀王，而所谓霊修其实是巫祝王之意。楚国的屈巫、晋国的申公巫臣，其字都叫子霊。霊即霊巫。霊是以巫为媒介。这已经不是万物有灵论的世界了。

金文的祝颂之语中有“永纯靈终”“靈命难老”，或是“扬君靈”等，认为由神灵所构成的世界决定着人的寿夭祸福。这已经是由祖灵所控制的世界了，其基调中含有人格的观念。殷代的卜辞中，祖灵所示现的威灵，仍然用动物灵性质的尤、㞢、咎、龚之语来表现。但是在西周的金文中，祖灵被视为有威德者，确立了祖灵的观念。殷周革命给宗教性的观念也带来了重大的变革，但在社会的底层，古代的咒术方法仍然长期地持续着其传统，可以说其具有萨满教的特征。

萨满教

总而言之，原始宗教是咒灵控制着的世界，在这个世界里为

---

① 靈，靈或从巫。（《说文解字》页7）

了和咒灵沟通要采用各种方法。最显著的例子，便是由通古斯族（Tungus）的被称作萨满（shaman）的施咒者所施行的方法，其范围遍及自中国的华北、东北和内蒙古至西伯利亚的地区；在其他原始宗教流行的地域，所采用的方法大体上与之形态相同。由于这种咒术方法以萨满们所施行者为典型，所以一般称之为萨满教（Shamanism）。

尝试对通古斯族做一详细调查报告的史禄国在《北方通古斯的社会组织》的第九章“补注”八中，列出了8项有关萨满教特点的规定[①]，认为其施咒者随时可以施行秘密的方法来让神灵附体，从而进入精灵的世界；因此他们要用特别的仪礼、衣服和器具。威胁氏族正常生活的疾患和人口减少等，是有害的新灵等起了作用，而萨满的任务就是用咒术来克服有害的影响，因此他们必须拥有最出色的神经性反作用和自我制御的能力，另外整个氏族也要承认其社会地位。这可以说就是萨满教的条件。

史禄国对流传萨满教的通古斯族的原住地颇有兴趣，并试着做出了一个推论。在该书第三章所添的附图中，他展示了公元前三千年时，古代民族诸集团的地理分布，并推定遍及整个中国华北、华中地区的原住民就是原通古斯族。然后他们在公元前一千年经东北地区向遥远的西伯利亚迁移，南方的通古斯诸族则定居在了满洲之地（按，即中国东北一带）；而北方通古斯族之后又数次南下，持续不断，因为他们无法在极寒之地定居下来，所以即使从生活样式来看，也认为他们本来应该是中国北部的中原地区的原

① 详见《北方通古斯的社会组织》，〔俄〕史禄国著，吴有刚、赵复兴、孟克译，内蒙古人民出版社，1985年，页566～568。

住者。

这一见解，要在考古学上得到实证是非常困难的，另外其报告是根据对最近时期的通古斯族的调查而来的，所以能否直接适用于古代的通古斯人身上也还存有疑问。即使是关于萨满教的原初形态这一问题，如宗教史学者伊利亚德（Mircea Eliade，1907—1986）所说，萨满教所包含的万物有灵论、祖先崇拜、天上诸神的信仰等，未必就是其原初的本来面貌，不如说其还具有将“出神”（ecstasy）的状态视作同神灵进行沟通的基本方法一类内容，所以问题并非那么单纯。而作为古代文字学的汉字研究能够对这样的问题提供什么样的帮助，是值得思考的。

对于表示万物有灵论观念下的咒灵的尤、巷、希、龚，为了将其祓除，人们采用了类感咒术的方法。救、殺（杀）、攺、毅的字形都是对被视为拥有咒灵的各种兽形之物进行殴打之形，另外表示对龚三上所举行的仪礼的字，恐怕就是瓤了。兄是人施行咒祝之形，与巫相对而称为觋的男巫就是承当此事的人了。但是倚仗咒灵的诅咒，似乎主要是由叫作媚蛊的女巫来参与的。前文已经讲过，氏族间进行战争时，在阵头击鼓之人就是媚女。因此称外族的入寇为“来媸”。将那媚女杀死从而使其咒能失效叫作蔑。这媚女所驱使的咒灵，上部是媚形，下部则是与希相同的长毛屈尾之形，其字可见于卜文（《甲编》三一八〇）中。

媚十二下，《说文》言“说也”，不过其字形强调了女子的眉饰部分，可能与卜文中表示咒灵的媚兽之形有关系。汉代称之媚道、谓为媚蛊左道者，便是其咒法。卜辞中有曰：

贞：唯媚蛊？不唯媚蛊？　《乙编》三四二四

可见媚蛊是殷以来的用语。关于媚道，正如《史记·建元以来侯者年表》中所说的“盗断妇人初产子臂膝以为媚道”那样，后来也会通过解下婴儿的肢体而施行媚道；其他手段还有埋人偶或鸟兽之类，不过最初是用蛊来实施的，叫作埋蛊。

蠱（蛊）十三下在卜辞中，用法与蚩、希相同，有“贞：王禼唯蛊？贞：王禼不唯蛊？”（《缀合》二八六）这样的例子。《说文》言“蛊，腹中虫也”，似乎是以寄生虫来解释蛊虫的，还有观点认为蛊是以毒物杀人之意，但卜辞中所说的“蛊”应该解作咒灵的蛊气。《说文》又说，被磔杀者的恶灵会变成蛊。[①]蠱字作器中有许多虫子之形，即以此来施行诅咒之意。单说器中生虫，则是融三下。融是众虫挤出鬲形器物的口之形，《说文》曰“炊气上出也”，与其字形并不相合，该字是热气致使器中之物腐败，融溺（ゆうでき。按，指融化而流淌）之意。

蛊可能是很早就存在于南方了。江南之地虫蛇之物很多，庐陵和宜春等地就盛行饲养蛇蛊、蝨（虱）蛊的习俗。《隋书·地理志下》就记载了其操作方法：在五月初五端午之日，将大到蛇小到蝨等大小数百种虫放入同一个器皿中，令其互相残杀，其中存活到最后的一种便是具有卓越咒灵者。藏蛊之人叫蛊家，蛊通过食物进入人的腹中，食其五脏，那人死的时候家产全部移入蛊主之家，不过若三年不用蛊杀死他人的话，蛊主就会反受其害，十分骇人。

① 蠱，腹中蟲（虫）也。《春秋传》曰“皿蟲为蠱”，晦淫之所生也。臬桀死之鬼亦为蠱。从蟲，从皿。皿，物之用也。（《说文解字》页286）

据说女子出嫁时也要带上蛊[①]。与此相似的习俗也存在于苗族中间，原本应该是江南之俗。所谓媚蛊，就是媚女驱使这种蛊灵来施行各种诅咒；媚蛊常常在人睡眠中侵袭之，带来恐怖和死亡。

夢（梦）七上也写作𡫝七下。目昏乱的状态也叫瞢四上，这些字的上部都与媚的上部相同，是某种咒灵向人施加妖祥，就会产生梦魔（むま。按，即噩梦）。卜辞中有畏梦之语，畏以鬼之形来表示，有很多这样的例子：

> 庚辰卜，贞：多畏梦不至𡆥？　《后编》下·三·一八
>
> 壬辰卜，牵贞：唯畏，改？　《乙编》三四〇七

梦魔是鬼所为。其字形也有从女的，可能也有女性的鬼。我们注意到，对于此梦魔，要举行“改”这种仪礼。改是对蛊进行更改的咒术，所以此鬼形的梦可能也是由媚蛊而来的。

《说文》中还有𥧰七下字，是病卧之意，这也是由梦魔而形成的。《左传》成公十年中，有关于被视为病魔的两个童子的故事：这一年五月，晋侯做了一个梦，一个长发蓬乱的厉鬼捶胸乱跳，说你杀我的子孙，这是无道之举，我已获得帝的允许来报仇了，边说边破坏了大门，从寝门（内室之门）走了进来；晋侯非常害怕，躲进内室中，厉鬼又坏户，这时晋侯醒了。晋侯慌忙召见桑田（晋的地名）之巫询问噩梦之意，巫所言正与梦中一样。晋侯问其会怎么样，巫回答说，晋侯恐怕寿命将尽，吃不到新收的麦子了。

---

①《隋书》曰：累世子孙相传不绝，亦有随女子嫁焉。（《隋书》，〔唐〕魏徵、令狐德棻撰，中华书局，1973年，页887）

后来晋侯病重，秦国一个叫医缓的名医受命去为他诊治；但晋侯突然被噩梦所魇，梦到疾病化身为两个孩童，他们商量说：医缓是名医，他要是前来治病那我们恐怕就逃不掉了，不如你藏于肓（膈膜之上），我隐于膏（心脏之下）。不久医缓来到，为晋侯诊断，说公疾已在膏肓，无法治疗了。晋侯结合先前梦中所见，感叹其果真是名医，于是赏赐给他丰厚的礼物让他回去了。

是年六月，新麦成熟，晋侯想尝新麦，于是让主管籍田、供给野物的甸人献上新收的麦子，由掌管饮食的馈人进行烹饪，又将之前的桑田之巫召来，把烹饪好的新麦给他看，然后杀之。之后，晋侯正要进食，突然感觉肚子发胀，就去上厕所，结果跌进里面而死。晋侯的近侍中有一男子在那日的早晨梦见背着晋侯登天；到了日中之时，他背着晋侯从厕所出来，于是他就做了晋侯的殉葬者。

在上面的故事中，说晋侯梦到两个童子，《左传》的原文是“公梦，疾……”（按，“公梦疾为二竖子”），而《说文系传》中引其文则作“公寝，疾……”。这个寝字恐怕就是寱，指的是被噩梦魇住。魇（魘）也是发生梦魇的意思，字从鬼。卜辞中也有些字可以理解为寱、魇之意，如“王うなさる（按，魇之意），不唯祖乙？”（《缀合》四六〇）、“王うなさる，唯妣己？”（《乙编》六一四四），又比如“王うなさる，唯岳？”（《铁云》一四八·二），祖神和自然神被认为是造成魇的原因。贵人之死叫薨四下，《说文》解释为“公侯殍也”，《礼记·由礼下》中有“诸侯死曰薨”，郑玄注说“薨，颠坏之声”。虽然该字是指贵人之死，不过并不是善终之意。权贵之人似乎容易成为鬼神所憎恨的对象。

梦被视作吉凶的预兆，故而要举行梦占。在两个童子的故事中，

是由桑田之巫来占梦；而在《周礼》春官中有“大卜”“占梦”之官负责占卜梦之吉凶，对于占梦的结果会在年末进行统计，并将那些吉梦的记录呈献给王，对于噩梦则要举行一种叫作堂赠的袚梦仪礼。这和节分时举行的大傩仪礼很相似。像“いめにだに久しく見むを”（《万叶集》十五·三七一四，按，“[秋来恋意浓，愿妹]梦中逢；但能一夜久[天竟明]。”）、“いめに吾こよひ至らむ屋戸閉すなゆめ”（《万叶集》十二·二九一二，按，“今夜梦中往，人见亦无责语；莫闭户，记住！”）这样的美梦，恐怕自古就是属于庶人的梦罢。

萨满们所施的咒术，多依赖于被认为拥有咒能的蛊以及其他的辅助灵，即便如此，他们作为施咒者的第一要素仍然是能够随时进入神灵附体的状态，也即所谓的恍惚状态。兄是男巫，是侍奉神的人，呪（咒）、祝等字都是以此意义下的兄为字的要素的。兄的字形是人戴着祝告用的ㅂ；在那祈祷之下，仿佛神气一般降落下来，这叫兊（兑）八下[①]。兑是喜悦，是脱然的状态。悦、脱都是表示处于出神状态的字。所谓恍惚，是描述这种状态的拟声词(オノマトペ)。

表现女巫处于出神状态的字叫若一下。《说文》中解释为“择菜也”，但并没有用作该义的恰当的例子。此外关于叒六下，说是“日初出东方汤谷，所登榑桑叒木也。象形”，将叒解释为若木的若。榑桑是太阳所由升起的神木，近来（1973年）出土的汉代马王堆帛画中，画有好几个太阳悬于那神木之上。关于若木，《楚辞·离骚》

① “兊（兑），说也。从儿，㕣声。”徐铉等曰：“㕣，古文兖字，非声，当从口从八，象气之分散（散）。《易》曰‘兊为巫，为口’。”（《说文解字》页174）

在讲述其天路游历时，说“总余辔乎扶桑。折若木以拂日兮”，即太阳神话中的神木，它好像具有了永恒之树的形象。

从卜文、金文的字形中也可以得知，若表示的是长发散乱、双手高举、处于出神状态的巫女。置于其前面的𠙵，是用于祈祷神降的祝告。神降之灵便附体到巫女身上，由这巫女来传达神意。卜辞中，帝意为承认、同意叫若（诺），不合帝意则叫不若。不若因此而为邪恶之物。《左传》宣公三年中，百物的形象被画于鼎上，以使民众知悉神、奸，这样即便民众进入川泽山林，也不会遇到不若、螭魅、罔两之属。不若是恶神邪灵之意。若是诺的意思，即以萨满的这种祈祷而获得神谕，显示帝意诺否。若字在日语中被训作“順ふ（したが）”（按，顺从之意）便缘于此。

巫女领受神谕的秘密仪式场所，一般在人目难及的地方。据说阿波罗神殿的神谕是在其拒绝俗人进入的内院进行的：经由洞穴来到地下，内有一圣井；坐在该密室的三脚台上的年轻巫女，在这个司祭也看不到的地方，浑身颤抖着进入出神的状态，在癫狂中领受神谕。据说“灵感”是从那三脚台的正下方的大地裂缝中通过神的气息（いぶき）而传递过来的。这使人想到了匿十二下字字形的含义。《说文》中解释为“亡也”，但是不能单纯地理解为亡匿之意。在那秘密、隐蔽之处所进行的，恐怕就是诅咒；正如慝恶、阴姦（奸）一般。《周礼》地官的“土训”中有地慝一语，而“诵训”中有方慝之语，据注似即蛊物、蛊言之意[①]，周初的大盂鼎上说“闢

①《周礼》“土训”条言“道地慝，以辨地物而原其生，以诏地求”，注云“地慝，若障蛊然也”；“诵训”条言“道方慝，以诏辟忌，以知地俗”，注云“方慝，四方言语所恶也”。（《周礼正义》页1195～1197）

（辟）厥匿”，可能就是指袚除各地的蛊妖之意。

关于金文中的“王若曰”的用法，原本是宣读神谕之语，后来也用于王的宣敕之语，此即源于对依照神意的内容进行指示、强调一事，是指事的用法。如十二下也是与若构造相似的字，其用义多有与若相通之处。最古老的训诂之书《尔雅》，在其《释诂上》中有“如，谋也”之说，如与若相同，都是进行祝告而询问神意的意思。卜辞中有很多这样的例子，如：

> 戊辰〔壬申〕卜，贞：王其如？　《铁云》七二·四
>
> 贞：勿如？　《铁云》一七九·三
>
> 妇好㞢如？省？　《铁云》一六三·二

另外也有像“其如，若？”（《库方》五四四）这样，将如、若用在一篇卜辞中的情况。神往往依附在年轻的巫女身上，所以首先便是由这些巫女来领受神谕的。后来王作为巫祝王而占有了占卜的权威，遂产生了“王若曰”这一形式，不过在此之前，就像希腊的侍奉大地女神的德尔斐（Delphi）的女巫一样，是群巫所任之事。甲骨文的世界，如同阿波罗获得对大地女神的胜利一样，一切权威也都被移让给了神圣的王。

歌舞的起源

萨满的咒术行动，几乎遍及咒术的各个方面，因此一般称这种施咒者为萨满。具体而言，对于个人面临的疾病或者危险，

还有为了其精神上的制御，萨满要进行祈祷和供荐等宥和行为，为了驱逐威灵还要对其进行殴打、呵责等胁迫行为，还有为了使用咒物或是获得咒能而施行损伤身体或器物，即所谓的“黑咒术”等。

祭祀等对神灵举行的各种仪礼，一般是对神灵的灵威进行赞颂、恳请，以期实现宥和的目的，主要采用歌舞等形式，有时也会诉诸厌伏、驱逐这样的强硬手段，以使灵畏迫。在各个未开化之地所残留的诸种咒术中，还可以证验其具体的方法，而且古代文字当中也保存了不少这种古仪。歌舞主要就发端于这样的咒术。

歌的初文是訶（诃）三上，该系统的字都以“可”为要素，秉承了可五上的声义。《说文》言“可，肎也”，是肯定的肯之意，不过其字形是将祝告的㇘加上柯枝，表示呵责之意，以此而谋求神的许可。可有时也写作哥五上。《说文》解释说，“哥，声也”，“古文以为謌字”。哥是可的复数形，是由群巫所为的祝祷。其祝祷之声，同我国的祝词一样，使用的是与日常之语相异的音调以及抑扬，有时还加上了韵律。“声也”可能说的就是其声调。对歌八下的解释是“詠（咏）也”，指的是诵咏。欠八下，《说文》言“象气从人上出之形”，是欠伸之象，不过该字是开口歌唱之形，可以认为歌是其歌唱之状，訶则指其歌词。诃在《说文》中解作“大言而怒也”，而金文中将歌写作訶、謌，訶、謌、歌都是同一个字。总之，可系的字声义都相近，都是对神进行呵斥，而使其同意所祈祷之事的字。

歌本来具有诅咒的意思。《诗·小雅·何人斯》中，歌唱了对谗害别人的人加以诅咒的事，而说“作此好歌，以极反侧（变心）”。

之所以将自咏的歌称作好歌，是因为对歌所拥有的咒能极力赞扬，对其效果寄予期待。魏风的《园有桃》是离弃了故乡的逃亡者之诗。所谓“心之忧矣，我歌且谣”，就是以漂泊之人的哀伤来作诅咒。歌原本是咒歌。在我国，歌（うた）多用于祝颂。《推古天皇纪》（二十年）中，在春正月的飨宴上，苏我氏献上的长歌是以“……拜がみて仕へまつらむ　歌獻きまつる”（译按，大意为：……跪拜，一心侍奉天皇，献长歌一首。）作结的，其他献歌之例也有很多。具有咒诅之意的歌，被特称为童谣（わざうた）。作为文字，谣歌（《皇极天皇纪》三年）、童谣（同前，二年）等字就是此意。

歌谣的谣，原本写作䚻三上，《说文》解释为“徒歌”，是肉和言的会意字。其字包含于繇之中。言是向神祈祷、立誓之意，供奉祭肉而祈祷之语叫䚻。所谓徒歌是指不用乐器，像咒诵那样演奏的歌；徒歌多数是咒歌。《国语·晋语六》中之所以有“辨妖祥于谣”之语，就是通过那咒诵而察知的意思，因为必须趁着其咒能还没有发挥而将其袯除。

为了防御歌谣所带来的诅咒，要依照类感咒术的原则，采用相同的歌谣形式与之对抗。这就需要盛赞起到袯除作用的辅助灵，使其发挥威灵，这叫作讴三上。《说文》中解释为“齐歌也”，不过也有蔡讴之语（《楚辞·招魂》），并没有地域之限，徒歌即为讴。讴也是一种咒诵。构成謳（讴）的要素的區（区）十二下，在《说文》中解释为“踦區（崎岖而危），藏匿也”，意思是在匚中藏匿众物品。区也有瓯、殴的读音，该字的意思是将表示诸多祝告的“品”秘密地匿藏起来，然后施加咒讴。由此可以导出讴、欧、殴等的字义。

咒诵叫作讴。所谓讴歌，并非太平赞歌，而是向人施加诅咒的歌。为了让神灵听取祈祷的内容，有时会对祝告之器加以殴击。毆（殴）三下，《说文》中认为是“捶击物也”，不过并没有相关的用例，该字的构造近于呵、歌，是对祝告呵斥、殴打之形。若是将这一行为施加于蛊等物的咒灵的时候就叫殴蛊。《周礼》中记载了很多这样的古咒法。夏官的“射鸟氏”中有“以弓矢殴乌鸢”；还有“方相氏”掌管傩一类的仪礼，“索室殴疫”，又“（大丧，先匶。）及墓，入圹（墓穴），以戈击四隅，殴方良（魍魉等恶灵）”。秋官“冥氏”中，将猛兽赶入阱中时有“以灵鼓殴之”之说；还有“庶氏”中有除毒蛊的殴蛊之法，“壶涿氏”则掌除水虫，“以炮土之鼓（瓦鼓）殴之，以焚石投之”。上述都是殴驱（おうく）之事，即使用咒灵的殺、攺、救、殺、敲、敫等类感咒术，都与从攴之字有着相同的含义。对于祝告，也要施以殴击。“うつ”（按，击打之意）这种行为，在古代极具象征性意味。平安时代末期的字书《类聚名义抄》中，收录了训为“うつ”的百十余字，这些字所涵盖的语义内容非常广泛。《说文》中，特别是攴部、文部、殳部所属之字，其含义多与古代的仪礼相关。

歌谣的起源并非人们自娱自乐之用的歌舞乐曲。在祭祀和狩猎，以及其他氏族生活中的重要仪礼之际而歌舞者，原本都是为了影响神灵，以实现与神灵一体化而为之的。因此其声调、律动都要采用与行为、目的相吻合的形式。《吴越春秋·勾践阴谋外传》中的“断竹歌”，被认为是传承了古代歌谣的形式。“断竹，续竹，飞土，逐宍（肉）”，这首二字句的歌，被认为是死者被弃于原野，人们去拾捡其骨之时所歌之辞，不过其原本应是狩猎之歌。这一短促而激扬的调子，恐怕是伴随着激烈的旋舞而演奏的。

作为仪礼之歌，《诗·周颂》非常古老。其诗歌少有押韵，叙事的要素也极少。其中《振鹭》一诗，也是含有舞容之记载的珍贵庙歌。

> 振鹭于飞，于彼西雍。我客戾止，亦有斯容。在彼无恶，在此无斁。庶几夙夜，以永终誉。

所谓振鹭，也叫振萬（万），是鹭羽之舞。歌中所讲的是在周王朝的圣所辟雍举行祖祭，参加祭祀的前王朝殷的子孙献上白鹭之舞。表现为鹭的姿容的殷的祖灵，以客神的身份参加这一祭祀，庄严肃穆地跳起鹭舞。被灭亡了的殷的祖灵，此刻也超越了恩仇，长夜侍于夙夜之祭，祈愿永远和平。歌大多都伴有舞蹈及跳跃。认为歌舞是源于个人自身的情感表达的观点是有误的；关于歌舞的本质，其本来是宗教性的事物。无论是生产活动，还是以仪礼为目的，歌舞都是作为与神（「神性」）进行交涉并实现一体化的方法而进行的，本来就具有咒的意义。可以说歌谣的本质是童谣(「わざ歌」)，舞也是起源于神事性的仪礼。

舞五下，《说文》言“乐也”，认为是在代表双足的舛上加上声符無（无）而形成的形声字，無六上是其初文。無，《说文》训为“丰也”，认为是草木繁芜之意，不过在卜文中，将舞雩的舞字写作無或者霖。也就是说，舞的初文是無，舞雩是其本义。無的字形是两袖上有羽旞等咒饰的舞蹈之人之姿。后来为了表现其舞容而加上了舛，遂成为舞。祈雨的仪礼叫雩十一下。《说文》言雩，“夏祭，乐于赤帝，以祈甘雨也”，又《礼记·月令》记载，在仲夏命百县举行雩祀，以祈丰年。这之所以又叫“吁嗟”，可能是因为歌中使用了衬词（「囃子詞」①）“吁嗟”。《诗》陈风中有很多歌垣之歌，为人所熟知，《东门之枌》中有“穀旦（黎明）于嗟，南方之原”的诗句；《宛丘》中歌道“坎（鼓之音）其击鼓，宛丘之下。无冬无夏，值其鹭羽”。之所以持鹭羽而舞，应是与戴上作为咒饰的羽旄等而舞的祈雨仪礼有关系。《论语·先进》中，曾子（参）之父曾点被孔子问及志向，回答说“莫春者，春服既成，冠者五六人，童子六七人，浴乎沂（河流名），风乎舞雩，咏而归”，这应该是舞雩的旧俗同歌垣或是禊事等仪式活动相重合而民俗化了。雩后来则成为对灵星的祭祀，即星祭。在汉代，八月的雩祭活动中，要有童女七十二人的群舞。冠者五六人、童子六七人，分别相乘计算，就是三十人和四十二人，合计七十二人，七十二是圣数。这就是作为王朝的仪礼的“云翘”之舞。

舞雩始于殷代。如卜辞“贞：王其舞？”（《乙编》二五九二）、“王舞，允雨？”（《京大》三〇八五）等，记录了王亲自跳舞以获得降雨之事。献舞的对象，如“……今日舞河、岳？”（《粹编》五一）、“贞：呼舞于蚰？”（《乙编》五二七二）所述，就是河、岳和蚰这样被视为司雨的自然神。祈雨之事原本是由萨满所施为的，其例如下：

壬申卜：多媚舞，不其从雨？　《续存》一·一〇四一

① 歌谣等当中，在歌词原文之外，为了调子和谐，而在开头或者中间、结尾部分插入的词语。

被萨满奉作雨神而祭祀者，可能就是被叫作𩂈（𩂈）的神。卜辞中有“其燎于𩂈，有大雨？”（《金璋》一八九）这样的例子，应该是以羽舞来祭祀之神。《左传》隐公五年中说“初献六羽”，可能就是把这羽舞用作乐舞的意思。从以羽旄这样的羽饰来装饰兵器和车等器物，或者像习、翾这样，将羽用于对祝告之器的咒类行为当中，等等，也可以得知羽是具有咒能的。

献舞之事，本来具有神事性、宗教性的意味，不过后来大多情况下是作为乐舞而成了宫廷的仪礼。在我国有隼人、国栖、久米、吉志之舞，或者东游、骏河舞、飞驒舞等在仪礼之际表演，楯伏舞和田舞后来也成了雅乐。像“そらみつ大和の國は神からし尊くあるらしこの舞見れば”(《续日本纪》圣武天皇天平十五年。按，其意大致为“虚空见兮大和国，神圣尊贵真秀国，见此舞兮自明了”）这样，作为祝颂之歌来演奏，异族异邦的舞乐尤为受人欢迎。这些歌舞追溯其源头，都本是服从仪礼。

萨满要使用众多乐器及其他咒具。巫鼓是最重要的乐器，上有铃、环之类装饰；神衣、神帽上也装饰有无数的镜及铃，这让人联想到在天石窟前，天香久山的榊木上枝悬挂玉，中枝悬挂镜，下枝悬挂青和币、白和币，天钿女命缠束以葛蔓，取竹叶、树叶，单手持带铎之矛，脚踏空筒作响，且歌且舞的姿态。樂（楽，乐）六上在《说文》中解释为“五声八音总名”，认为是将鼓鼙置于木上之形，不过该字原本是神乐之舞中，手执铃，将之举起而鸣响的意思。作为身上的装饰品的铃，中间有舌的叫小铃，而垂下铎形舌者叫“ぬて”（按，铎之意）。鼓、乐是象形，铃、铎、钟则都是形声字。铎是殷器，留传到了后世，当时的古名已不能得知。

打击乐器除了鼓、钟之外还有磬九下。《说文》中解释为“樂(乐)石也”，是将磬悬于木上之形。其初形是声，现在的聲（声）十二上是在击磬之形上添加耳的字形。卜文中的字形有将耳这部分代之以ㅂ之形。后来将多个钟、磬顺次排列起来，即成为编钟、编磬，用作音阶乐器。《论语·宪问》中有“子击磬于卫”，可能击磬也是一件消遣、娱乐之事，但磬原本是用于祭祀仪礼之际的。古时仪礼之初首先是进行金奏，最后仍要使用金奏。所谓金奏，指的就是钟、磬之音，一般以其音为主、宾进退之节，不过原本应该是以之来迎神和送神的。

奏十下应该是表示奏乐的字。《说文》中解释为“奏进也”,《礼记·玉藻》中有“奏食”之语[①],即奏乐之后要举行飨宴。以舞向神进荐叫選(选)二下。選是属于巽五上系列的字,《说文》言巽[②]“具也”，字同顨五上。《说文》曰“顨，巽也”，二字皆从两个人在舞台上共舞的巴形。因此，其舞容叫選。《说文》曰選二下，“遣也”，以同韵之字来训其义，不过《诗·齐风·猗嗟》中有“舞则選兮”，对其舞容进行描述。撰、馔的原义也都是向神供荐。奏也被认为是从送之字，关是赠的初文，朕八下[③]、賸（剩）六下等，都从其字。毛公鼎铭文有“赐女（汝）丝关”，关是双手将物献上之形。以两手献上叫共三上。奏也被认为是表示吹奏之义的字，所谓奏、撰，是向神进献乐舞之意。吹奏之乐有笙、管、籥。此外琴瑟之类也是

---

①《礼记·玉藻》曰“皮弁以日视朝，遂以食。日中而馂，奏而食”。
②《说文》巽字条，写作“巺”。(《说文解字》页94）
③《说文》朕字条，写作“舼”。(《说文解字》页173 ）

古乐器。这些乐器作为巫器被用来召魂（「魂寄せ」），像我国的梓，其做成的弓弦也会被用于召魂。

《诗·小雅·鼓钟》是凭临淮水而追悼淑人君子之死的悼亡诗，先是连写三章怀思其文德，最后在末章歌道，“鼓钟钦钦（钟声），鼓瑟鼓琴，笙磬同音。以雅以南，以籥不僭”。雅四上，《说文》言“楚乌也”，从字形来看这才应该是其本义。雅作为乐器，在《周礼·春官·笙师》中有“舂牍、应、雅”，据汉代郑司农注，雅是四角箱型的器形[①]，应该属于打击乐器。临河流而演奏这些乐音，恐怕是想要让那哀音随着河风响彻淮水之畔。

音乐可能是古代文化的终极状态了。孔子曾游历齐国，闻古乐韶三上，极为心醉，以致“三月不知肉味”（《论语·述而》）。韶乐被认为是传颂古圣王舜的美德的乐章，孔子赞叹其“尽美矣，又尽善也”（《论语·八佾》）。从萨满极尽喧噪的乐铃之音，到被誉为尽善尽美的古乐章那洋洋洒洒的乐音，在音乐的发展过程中，可以谛视中国古代文化发展的身姿。

乐神夔

乐祖是叫作夔五下的神人。《说文》云“夔，神魖也。如龙，一足，从夊。象有角首[②]人面之形”；魖九上，《说文系传》云“耗鬼也”。夔常与山川之怪魍魉对举，《国语·鲁语下》中有“木石之怪曰夔、

① 郑司农云：“……雅，状如漆筩（筒）而弇口，大二围，长五尺六寸，以羊韦鞔之，有两纽，疏画。”（《周礼正义》页1894）

② 据中华书局2013年版《说文解字》，首作“手”。（《说文解字》页107）

蝄蜽”之说，韦昭注曰，“或云，夔一足，越人谓之山缫。或作猱。富阳（地名，在浙江）有之，人面猴身，能言”，是与猿相似的一足之神。《山海经·大荒东经》中说“有兽，状如牛，苍身而无角，一足，出入水则必风雨，其光如日月，其声如雷，其名曰夔。黄帝得之，以其皮为鼓，橛以雷兽之骨，声闻五百里，以威天下”，将夔作为怪兽来记述。之所以用夔的皮来做成鼓，可能是与乐祖夔的传说有关。

《书·舜典》中记载有将夔视作乐祖的故事。“帝曰：‘夔！命汝典乐……诗言志，歌永言，声依永，律和声。八音（金石丝竹等八种乐器）克谐，无相夺伦（秩序），神人以和。’夔曰：‘於！予击石拊石，百兽率舞。’”在上文的表述中，可以看到类似从神话到经典化的痕迹。《舜典》原本是与《尧典》合为一篇的，其记述中有很多内容是由神话演变而成的，这一点从羲和仲叔的故事和四方风神，或是伯夷典刑之例中便可得知。关于乐祖夔，也可考察其在神话中的踪迹。

探寻夔的神话是一个饶有兴味的问题，尽管未解之处尚有很多。首先，虽说其是与猿相似的神，不过很可能就是刻于甲骨的神像图（《甲编》二三三六，见下图）。若是越人所说的“山缫”的话,则即为山中之怪了。《楚辞·九歌·山鬼》歌曰“靁（雷）填填兮雨冥冥，猨啾啾兮又夜鸣”，这也是有雷鼓、群猿伴随而现身的山神。可能古时在长江一带有人面猴身之神的故事流传吧。

人猿图

被董作宾称为人猿图的甲骨上的神像，与夔有非常相似之处。另外在卜文中有与夔相近之字，由于其并没有显著的角，所以被释作夒五下，《说文》曰“夒，贪兽也。一曰母猴，似人”，字也作猱。上引《山鬼》中的“又（さる）”也是该系统之语。夔也是猿身的神，其字形与夒相近。文献中的“柔远能迩”，在金文中写作“𩞑远能𤞞”。𩞑是酒器卣和夒的会意字，是进荐美酒而演奏舞乐，以使神意柔缓的意思。另外在周初的大盂鼎中有“无敢𨢿”之语，使用了酉（酒）和夒的会意字𨢿，是表示醉乱的字。夒是人手舞足蹈的字形，所以𨢿是表示醉酒之人的字。

夔还被认为是殷的始祖帝喾。卜文的字通常解释为夒，不过在殷的世系传承中并未见到叫夒的神名。王国维在《殷卜辞中所见先公先王考》中认为，夒与被视为殷的始祖的舜是同一神。[①]《国

① 此处有误，王国维在该文的“夋”条下云，“则夒必为殷先主之最显赫者，以声类求之，盖即帝喾也”，“其或作夋者，则又夒字之譌也”，“知郭璞以帝俊为帝舜，不如皇甫以夋为帝喾名之当矣”，认为夒是帝喾，而非帝舜。（详见《观堂集林》页411～413）

语·鲁语上》有“商人禘舜”[①]，即将舜奉作始祖神来祭祀，而《礼记·祭法》中说“商人禘喾”，可知舜与喾是同一神。西晋初皇甫谧所编撰的记述古帝王之事的《帝王世纪》中言，“帝喾生而神异，自言其名曰夋”，夋还写作俊、舜。《山海经》中对帝俊的记载有十二条，也称为帝鸿。其妻是娥皇、常羲，也叫羲和[②]，生了十个太阳、十二个月亮。从常（嫦）娥是月神这一点来看，舜可能也被人们认为是太阳神。舜之父在《孟子》(《离娄上》《万章上》)中是名叫瞽叟的顽愚之人。而且如其名所示，是黑暗之神。黑暗和光明交替的观念似乎就是这一神话形成的背景。

据《山海经·海内经》记载，帝俊生晏龙，晏龙是制作了琴瑟的神。也有舜作五弦琴而歌南风，于是天下大治的传说，所以舜也是与音乐有关的神。另外《海内经》中有“帝俊有子八人，是始为歌舞”之说，认为歌舞始于舜之子。

《孟子·万章上》中所记载的舜的故事也非常具有神话性。舜的父母喜爱小儿子象，而想将舜谋杀了，就让他去修缮屋顶，却在下面放火；又让他去浚井，却又倒土填埋，不过舜每次都以其神智逃脱了危险。但是象以为已经得逞了，于是决定把舜的遗产给父母，自己则占有舜的琴和妻子，但是当他走进舜的房间时，却惊讶地发现舜正在床上抚琴。舜后来登上帝位，将象封于有痹国。有痹即有鼻，也就是象之国。在这个故事里，舜的琴也是一个要素。传颂舜的美德的乐章是《韶》，孔子赞叹其尽善尽美，听上一次就会三月不知肉味。乐祖夔和古之圣王舜的故事，在这里

① 一说“商人禘喾”。

② 一说羲和、常羲分别为太阳和月亮之母。

不可思议地结合在一起了。“於！予击石拊石，百兽率舞”（《书·舜典》），乐正夔的这一形象或许正传递出了古代圣王舜的一面。狩猎民族率百兽群舞的歌舞形象，可能就是舜的乐章《韶》的原始面貌。当彷徨在文字学、神话与经典之间时，我们可以追踪到许多古代的幻想。在这些幻想之中，或许在有些地方倒是反映出古代社会的真实面目。

该字卜文的字形则既可以释作夔字也可以释为舜。舜又被称为帝喾，夔、喾二字是具有相同头音的双声之语。神名中有很多异名，根据各种神格而有不同的名字，就像在我国神话中，大国主神在《古事记》中有5个名字，在《日本书纪》中有7个名字，在《古语拾遗》中有4个名字。至于舜，加上喾和夔，共有3个名字，这些字在字形和字音上都有关系。

舜字不收于《说文》，同系之字有蕣一下，解释说“木堇，朝华暮落者”，另外还有舜五下，解释为“艸也……蔓地连华，象形”，“舛亦声”。也有学说将舛视作藤蔓错乱状，不过舛是两足之形，而舜则应是表示异形之人的舞容的字。帝舜名叫重华，《史记》中记载舜是重瞳子，项羽也是重瞳子；舜的奇异的字形让人联想到了这一传说。

殷代器物小臣艅牺尊上，记载有夔祖的仪礼。该器与周初东征远至山东的召公之器一起，出土于（清代）山东寿张的梁山，作为梁山七器之一而广为人知，上面所记载的夔祖可能指的是夔的祀处。如果说夔和舜具有同一神格的话，那么舜也是东夷之神。《孟子·离娄下》说“舜生于诸冯（东方的地名），迁于负夏（同前），卒于鸣条，东夷之人也”。可能其原本就是东方之人所信奉的神。

但是据《史记》记载，舜践帝位三十九年，南巡时“崩于苍梧之野，葬于江南九嶷，是为零陵”。《楚辞·离骚》中认为九嶷山圣地乃是舜即重华的祀处，所以也给当地带来了对舜的信仰；这恐怕是以殷文化为媒介而扩及楚地。像这样，卜辞中的夔原本是东方之神，被视为殷的始祖神，很快作为古代圣王的故事之一传播到了南方。

这个夔在《书·舜典》中，被帝舜任命以典乐之事。如果舜和夔是同一神依据神格而来的异名的话，那么就不会有这么奇妙的故事了。《舜典》中另外还任命四岳、皋陶、伯夷等以各种官职，其中四岳是姜姓四国，伯夷、皋陶是岳神伯夷、许由，本就是姜族之祖——岳神。同一位神却重复出现，这与舜同夔的关系是一样的道理。卜文中有给夔加上臼，即为后手持戉的字形，可以说都是表示夔的舞容的字。

在字形上，夏五一有同夔相似之处，也是表示舞容的字。《说文》中认为是“中国之人也”，臼是双手，夊是两足之形。像蛮夏那样，用于华夏（中国）之意，还有春夏之意等，不过从其字形为对舞者之姿的描绘来看，这应该才是字的初义。与段注齐名，清代朱骏声的《说文通训定声》一书被誉为《说文》注释的杰出著作，书中认为夏字的本义是大，夏指的是人放松的时候，所以是手足自由伸放而休息之意，不过这并未得到字形解释的基本要领。夏不仅是舞容，古时也用于乐章之名，如《大夏》《昭夏》《肆夏》等，以夏命名的古乐章有很多，可能是以舞乐相合而称之为夏。《礼记·仲尼燕居》有“夏籥”之语，所谓夏籥，就是使用羽籥的文舞之名。[①]

《诗》大雅、小雅的雅四上，《说文》中解释为“楚乌也”，这在前文已经讲过，不过雅字在小雅《鼓钟》中用作乐器之名（按，“以雅以南，以籥不僭”），此外也通用作雅正之意。《论语·述而》中有“子所雅言，诗、书、执礼”，雅言好像是当时的古典语言。雅，古音同夏接近，二字通用。《荀子·荣辱篇》中之所以说“君子安雅”，就是以中夏（雅）为其居住之处的意思，与《儒效篇》中所说的“居夏而夏”是同一个意思。也就是说，所谓小雅、大雅者，采用了夏的声调，二雅流行之地，即是古今都称之为夏的西北地区。这是古时彩陶文化流行的地域。将之称为中夏，是一种扩大用法，雅言、雅语也是一样的道理。总的来说，夏是表示舞容的字，其乐章也称为夏，其诗之所以叫雅，是因为雅原本就是夏的假借字。

清朝的经学者们常常将大雅小雅之字写作大疋小疋，而且以为疋即雅的缘由并不清楚。疋二下，《说文》中言“古文以为《诗·大疋》字”，此为以疋为雅的依据，不过与雅相通的疋原本写作頙字，是夏的异文。但该字不见于《说文》，而在东周列国时期的齐国的叔夷镈中有“頙司”之语，指的是夏祀，即夏王朝。记载禹及夏王朝之事的文字，在金文中，要到东周列国时期之后才可见。叔夷镈中，殷的成唐（汤王）承天命而讨伐頙司，在伊尹的辅佐下，“咸有九州，处禹之堵”，頙司即夏祀，指夏王朝，这一点是确凿无疑的。頙是表示庙前的舞容的字，与夒相同，是举足而起舞之形。其乐章也称为夏。将夏用作春夏之意属于假借，因此将夏的

① 一说“《夏》籥”，即以夏为文舞之名。

字形视为夏日伸展双足之形的朱骏声之说并不成立。夏字被用作表示季节的四季之名，要到列国之器中方始见到；而从鲁之《春秋》中将季节之名冠于四季的初月前的例子来看，可以认为这种用法是在西周时期定型的。

庙前的舞容叫夏，作为庙歌而歌的是颂九上。《说文》言“皃（貌）也”，认为是从頁（页）、公声的形声字。从公的字中也有像讼这样与颂同声的字，不过这些都是会意字，公二上指的是祭祀先公的祀堂。《说文》认为是“平分也”，并引用了《韩非子·五蠹》“背厶（私）为公”的字说。厶指私，八是背、相反之意，不过卜文、金文中其字形则表示的是公宫前庭的平面图形。在韩非子的时候，这种古文字知识恐怕已经遗失了。正像《诗·召南·小星》中“夙夜在公”所说，公是举行夙夜之祭事的公宫。而讼事者，是将族内之事尽在这公宫中展开。讼三上，《说文》中训为“争也”，以其为公声的字[①]，而其是在公宫之前立言盟誓，定夺是非。颂也指庙前的歌颂。

关于颂，清代阮元有一篇《释颂》，认为颂指的是舞容，也就是说，颂与容、样声义相同，《诗》中的颂都伴有舞容，所以才名之为颂，不过后来王国维在《说周颂》中批判了其学说，认为伴有舞容者，有比如被认为是武舞之诗的《武》《酌》《桓》等象武之诗七篇，其他则都是用于奏乐的，所以全都视为舞诗是有误的。[②]只是颂诗并不押韵，也不采用叠咏的形式，每句的字数也不固定，

① 讼，争也。从言，公声。曰謌（歌）讼。（《说文解字》页51）

②《说周颂》云：“然谓三颂各章皆是舞容，则恐不然。周颂三十一篇，惟《维清》为象武之诗，《昊天有成命》《武》《酌》《桓》《赉》《般》为武舞之诗，其余二十四篇为舞诗与否，均无确证。至《清庙》为升歌之诗，《时迈》为金奏之诗，尤可证其非舞曲。”（《观堂集林》页111）

它是在仪节间从容缓慢地歌唱的。从字形来看，页字表示的是仪礼之际的人的姿态，指庙前的仪容。而将其诗称为颂者，和夏字的情形相同：虽然夏字指的是舞容，但是在《九夏》《昭夏》等当中则用作乐章之名。也可以这样解释，即从容仪及舞姿来看，用于仪礼的乐章或歌颂也能够被称为夏、颂。

就这样，舞乐的发展源于原始宗教时代，一直到古代礼乐兴起的古典时代；即从原始宗教起，祖灵观念开始发展，一直到礼乐文化形成的时期。文化的发展常常是综合性的，想要追寻其究竟，就必须深入从神话直至经典的世界。而且古代文字研究作为一种对这些资料进行有机性的分析综合的方法，所起到的作用至关重大，通过上述内容想必大家也应该能够感受得到。研究古代文字，一定要充满好奇之心；至少作为古代文字的汉字的世界，是拥有着古代研究最为广泛领域的分野，可以说文字具有作为支撑起其内部生命的血脉一般的重要性。到了本书的第六章，尝试着就这一问题，以先民的意识形态为主而对关联之字做了考察；而在下一卷中，将结合他们的生活的侧面，对日常生活中的问题进行思考。

图书在版编目（CIP）数据

汉字的世界. 上 /（日）白川静著；陈强译. -- 成都：四川人民出版社，2018.8（2019.5重印）
ISBN 978-7-220-10586-9

Ⅰ. ①汉… Ⅱ. ①白… ②陈… Ⅲ. ①汉字—通俗读物 Ⅳ. ①H12-49

中国版本图书馆CIP数据核字(2017)第283048号

四川省版权局
著作权合同登记号
图字：21-2017-697

HAN ZI DE SHI JIE . SHANG

汉字的世界. 上

著　　者　［日］白川静
译　　者　陈　强
选题策划　后浪出版公司
出版统筹　吴兴元
特约编辑　王晓静　陈顺先
责任编辑　吴焕姣　杨雨霏　张　洁　蒋伦智
装帧制造　墨白空间 · 张　萌
营销推广　ONEBOOK

出版发行　四川人民出版社（成都槐树街2号）
网　　址　http://www.scpph.com
E-mail　scrmcbs@sina.com
印　　刷　三河市祥达印刷包装有限公司
成品尺寸　143毫米 × 210毫米
印　　张　9
字　　数　210千
版　　次　2018年8月第1版
印　　次　2019年5月第2次
书　　号　978-7-220-10586-9
定　　价　45.00元

后浪出版咨询(北京)有限责任公司 常年法律顾问：北京大成律师事务所　周天晖 copyright@hinabook.com